童心萌萌

儿童心理发展与保健

姚本先
王道阳 ◇ 著

全国百佳图书出版单位

时代出版传媒股份有限公司

安徽人民出版社

图书在版编目(CIP)数据

童心萌萌——儿童心理发展与保健/姚本先,王道阳著.—合肥:安徽人民出版社,2016.1

ISBN 978－7－212－08605－3

Ⅰ.①童⋯ Ⅱ.①姚⋯ ②王⋯ Ⅲ①儿童心理学—研究 Ⅳ.①B844.1

中国版本图书馆 CIP 数据核字(2016)第 025698 号

童心萌萌
——儿童心理发展与保健

姚本先 王道阳 著

出 版 人:朱寒冬   责任印制:董 亮

责任编辑:袁小燕   封面设计:陈 爽

出版发行:时代出版传媒股份有限公司 http://www.press-mart.com

       安徽人民出版社 http://www.ahpeople.com

地   址:合肥市政务文化新区翡翠路 1118 号出版传媒广场八楼   邮编:230071

电   话:0551－63533258   0551－63533259(传真)

制   版:合肥市中旭制版有限公司

印   刷:合肥现代印务有限公司

开本:710mm×1010mm   1/16   印张:15.5   字数:300 千

版次:2017 年 3 月第 1 版   2017 年 9 月第 2 次印刷

ISBN 978－7－212－08605－3   定价:35.00 元

目 录

儿童身心发展的特点

ERTONG SHENXIN FAZHAN DE TEDIAN

01

2013年7月13日，8岁的曾子琦从深圳宝安出发，在父母亲的轮流陪同下，一路上，忍受高温酷暑，历经艰难困苦，历时17天徒步回到老家湖南邵阳。琦琦的爸爸说，"其实这并不是一个极端的运动，它考验的是耐力和毅力"，他最大的心愿是让女儿成为一个人格完善的人。这是此次旅程的初衷，显然结果证明不虚此行。曾先生在QQ空间里写下这么一段话：不要怕路途遥远，走一步有一步的风景，进一步有一步的欢喜。有老师也认为，8岁多的孩子每天要坚持步行20多公里，连续走了近20天，尤其在这么炎热的天气下，有些不可思议，建议如此超强度的训练，一要遵循儿童生长发育的规律，二要考虑儿童的生理特点。但也有专家表示尊重这种个性选择，认为这样的旅行对孩子有耐力锻炼的意义，会给孩子成长留下难忘的回忆，有利于身心健康。但这种教育方式并不适合每个孩子，因为每个孩子都是不同的个体，适合孩子个体发展的，才是最好的选择。
http://news.sina.com.cn/s/2013-08-05/034027862127.shtml

第一节　奇妙的身体

1848年9月13日，美国佛蒙特州一个名叫盖吉（Phineas P. Gage）的铁路工人，在工地施工时，不幸在一次爆炸事故中被一根铁棍击穿头颅。幸运的是，盖吉活了下来，但是原先那个严谨、谦虚和勤奋的他消失了，取而代之的是一个暴躁、粗鲁、短视、不假思索、毫无计划的酒鬼。发生在盖吉身上的事情引起了医生和科学家们的注意，他们后来发现，人的情感、社会交往、行走、呼吸、吃饭等活动，都受着大脑不同中枢的控制。在盖吉的事故发生 13 年后,法国神经学家布罗卡又发现,大脑额叶与推理、计算、某些语言与运动、情绪以及问题解决有关,如果这里受损,对一个人性格和语言能力具有很大的破坏性。这个案例刚好发生在科学家着手研究脑功能与复杂行为之间关系之时,虽然人们没有想把盖吉的案例作为一个典型,但是他的故事却提供了较早的证据,证明脑是心理过程的基础。近年来,行为遗传学的发展为心理的生物学基础提供了大量的证据,而认知神经科学的发展则为心理的生理学基础研究开辟了新途径和新视野。

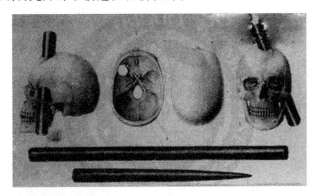

一、儿童生长发育的特征

个体生长发育的基本特点是指大多数个体在成长过程中所表现的一般现象和规律。尽管由于遗传、环境、营养、体育锻炼、疾病等因素可导致个体间的差异,但一般规律还是普遍存在的。儿童个体生长发育过程一般作如下年龄分期:婴儿期,从出生到 1 岁;幼儿前期,1~3 岁;幼儿期(学前期),3~6 或 7 岁;童年期(小学年龄期),6 或 7~11 或 12 岁;青春期,12 或 13~18 岁。但各个阶段发展是不平衡的,表现出既有连续性又有阶段性。每一个阶段都有其特点,区别于其他阶段,同时每一个阶段又彼此有规律地交替、衔接,尽管由于多种因素的作用,不可能所有的人都按一个速度生长发育,但总的趋势是一致的。

(一)身高体重快速增长

体重为各器官、组织及体液的总重量,是反映儿童生长与营养状况的重要指标。新生儿出生体重与胎龄、性别及母亲健康状况有关。出生时体重约 3.0kg;出

生后 1 周内由于摄入量不足、水分丧失及排出胎粪,体重可暂时性下降 3%~9%,在出生后 3~4 天达最低点,以后逐渐回升,常于 7~10 日恢复到出生时体重水平,此为生理性体重下降。儿童年龄越小,体重增长越快,1~6 个月平均每月增长 600~800g;3 个月时为出生时的 2 倍(6kg);7~12 个月平均每月增长 300~400g;1 周岁时体重为出生时的 3 倍(9kg);2 周岁时为出生时的 4 倍(12kg);2 岁后至青春期体重每年稳步增长约 2kg。小学年龄期中的 6~9 岁属于儿童期,10~12 岁属于青春期早期。因此这个阶段的儿童生长发育既有儿童期特点,又有青春期早期的特点。以身高、体重的生长为例,在儿童期,体格发育基本上是平稳的,体重平均年增长 2~3.5kg。10 岁以后,随着青春期的到来,体重猛增,每年可达 4~5kg,持续 2~3 年,呈现第 2 个生长高峰。

身高的增长规律与体重相似,出生后身高增长最快的时期系第一个生长高峰。出生时身长平均为 50 厘米;生后第一年增长最快,平均增长约 25 厘米,第一年身高增长规律与体重平行,前 3 个月身高增长约等于后 9 个月的增长,1 周岁时达 75 厘米;第二年平均增长 10 厘米左右,2 岁时达 85 厘米;2 岁以后稳步增长,每年增长 5~7 厘米。身高的发育受遗传、内分泌、宫内发育水平的影响,短期的疾病与营养波动不易影响身高的发育。儿童各期头、脊柱和下肢所占身长的比例不同,生后第 1 年头部生长最快,脊柱次之;青春期下肢增长为主,这时男孩身高一般每年可增长 7~9 厘米,个别可长 10~12 厘米;女孩一般每年可增长 5~7 厘米,多的可长 9~10 厘米;体重每年可增长 4~5 公斤,有的可增加 8~10 公斤。女孩青春期身高生长突增开始得比男孩早约 2 年,所以在 10 岁左右,女孩身高由以前略低于男孩开始赶上男孩,超过男孩;12 岁左右,男孩青春期身高生长突增开始,而此时女孩生长速度已开始减慢,到 13~14 岁男孩身高生长水平又赶上女孩,超过女孩。由于男孩突增期间增长幅度较大,生长时间持续较长,所以到成年时绝大多数身体形态指标均比女孩高。然而,即使生长速度减慢,长骨的生长比附着其上的肌肉的生长仍要快一些。因此许多儿童会感觉到"生长疼痛",这是由于这些软组织伸长了,使肌肉和韧带产生痛感。

(二)骨骼肌肉逐渐增长

儿童的各种骨正在骨化,但骨化尚未完全。儿童的骨骼有机物和水分多,钙、鳞等无机成分少,所以儿童骨骼的弹性大而硬度小。儿童不易发生骨折,但容易发生变形,不正确的坐、立、行走姿势可引起脊柱侧弯(表现为一肩高一肩低)、后凸(驼背)等变形。儿童面部骨骼有很大变化。八九岁时头部已达成人头部大小的95%。因此在小学后期儿童头围的变化是很小的。不过在 6 到 11 岁这一阶段头部长大很多,而且面部特征有很大变化。这是因面部的骨骼,特别是窦、上颌骨、下颌骨有了发展。牙齿变化很大,正由乳齿改换为永久齿。额部加宽,嘴唇增厚,鼻孔加大,稚气的娃娃脸正在消失,躯体逐渐增长,胸腔加宽、变平,颈部增长,双臂与双腿肌肉未显著发育。这时的儿童肌肉虽然在逐渐发育,但主要是纵向生长,肌肉纤维比较细,肌肉仍很柔软,内含蛋白质相对较少,水分较多,缺少耐力,肌肉的力量和耐力都比成人差,容易出现疲劳。因此,在劳动或锻炼时,不应该让他们承担与成人相同的负荷,以免造成肌肉或骨骼损伤。写字、画画的时间也不易过长。

(三)新陈代谢旺盛

新陈代谢包括同化作用和异化作用两个方面。人体从外界摄取营养物质,变为自己身体一部分,并且贮存了能量,这种变化叫同化作用。与此同时,构成身体的一部分物质不断氧化分解,释放出能量,并将分解的产物排出体外,这种变化叫异化作用。小学年龄儿童正处在长身体的时候,同化作用大于异化作用,所以,他们需要从外界摄取更多的营养物质,以保证正常生长的需要。儿童心脏和血管的容积比成人小,但新陈代谢快,心脏成长的速度落后于血管,故儿童心率比成人高。6~7 岁肺泡开始发育,至 12 岁时肺泡发育成熟,肺泡显著增大增多,肺活量也迅速增加。随着年龄的增长,视觉器官不断发育,屈光状况由透视逐渐趋向正视。

儿童的生长发育,是从孕育生命的一个卵细胞开始由量变到质变的复杂过程,不仅是身高、体重的增加,而且全身各个器官也在逐渐分化,机能逐渐成熟。人体

各部分生长发育虽不平衡,但却依照程序遵循着一定的规律。比如在生长发育的两次高峰期,身体各部分发育比例不同。第一次高峰期先长头颅,后长四肢,特别是下肢后期增长较快,这就是头尾发展规律。第二次高峰期头颅增长不明显,而是下肢发育迅速。

二、儿童生长发育的影响因素

儿童的生长发育,除了受到内在遗传因素的作用外,还受到外界环境因素的影响。遗传决定了生长发育的潜力或最大限度,环境条件则影响着遗传所赋予的生长潜力的发挥,决定着生长发育的速度及达到的程度。

(一)遗传因素

遗传是指子代和亲代之间在形态结构及生理功能上的相似。在生长发育过程中,遗传基因决定了各种遗传性状,所以遗传是影响生长发育的基础。遗传对生长发育的影响主要表现在家族和种族方面。在家族性遗传潜力实现的过程中,小儿出生时身高与父母身高的关系尚不明显,自2岁以后遗传的影响就逐渐体现,至青春期生长突增阶段由于成熟类型的差异,父母与子女身高的相关系数较低,但青春后期则又有明显的增高。可见身高的遗传倾向在整个生长发育过程中是逐步表达的,越是在接近个体的成熟阶段,表现得越充分,这种现象称为生长发育的"家族聚集性"。因此,对儿童的成年身高预测,可根据父母的身高,结合儿童当时的身高、年龄和骨龄等进行。

近代有关体质人类学的研究为生长发育的种族性差异提供了大量科学依据。人的体型、躯干和四肢的比例主要受种族遗传的影响。例如,在同样生活条件下长大的欧裔和非裔的美国儿童,其成年身高的平均值虽无明显差异,但后者的腿长明显超过前者。再如,在美国洛杉矶长大的日本儿童,生活环境与美国白人相近,但其腿长却低于同等身高的白人儿童,而和在日本本土长大的日本儿童相近,说明了体型发育的种族遗传。骨龄研究也证实,亚洲各国(日本、中国、朝鲜)儿童的共同特点是,出生后骨龄一直落后于非裔和欧裔美国儿童,但在青春期阶段骨的干骺端愈合速度却显著超过后两者。这种青春期的骨龄增长加快现象,据认为是亚洲儿童成年身高矮于白种人和黑种人的主要原因。

(二)营养因素

儿童的消化和代谢与成年人明显不同,其物质代谢的同化过程超过异化过程。儿童生长发育迅速,新陈代谢旺盛,所需热量和各种营养素的数量也相对较成人高,特别是在生长发育的关键阶段,营养的需求尤为突出。营养是生长发育最主要的物质基础。食物中含有人体所必需的各种营养素,包括蛋白质、脂肪、糖类、无机盐、微量元素、维生素及水等,以满足儿童所需的能量,提供细胞、组织和器官生长发育的材料,维持人体正常的生理功能。表1-1中推荐的每日膳食中营养素的供给量,是反映人类膳食质量或营养需要达到满足程度的标准,是根据人体对营养素的需要量确定的,每日膳食营养素的供给量标准一般比需要量充足些。

1-1　我国儿童推荐的每日膳食中部分营养素供给量

年龄	体重（kg）		热能（MJ）		蛋白质（g）		钙（mg）	铁（mg）		锌（mg）	碘（μg）
（岁）	男	女	男	女	男	女		男	女		
7	22.0	21.0	7.5	7.1	60	60	800	10		10	120
8	23.8	23.2	8.0	7.5	65	60	800	10		10	120
9	26.4	25.8	8.4	8.0	65	65	800	10		10	120
10	28.8	28.8	8.8	8.4	70	65	1000	12		15	120
11	32.1	32.7	9.2	8.8	70	70	1000	12		15	120
12	35.5	37.2	9.6	9.2	75	75	1000	12		15	120
13	42.0	42.4	10.0	9.6	80	80	1200	15	20	15	150
16	54.2	48.3	11.7	10.0	90	80	1000	15	20	15	150

儿童营养不良将造成很多不良影响,营养不良可致脑细胞分裂期缩短、细胞数量减少、脑重量减轻,即便日后营养状况改善,出现体格上的快速生长,但智力方面的缺陷仍难以完全弥补。营养对儿童智力的影响表现在多个方面。例如,学习效

率的高低取决于大脑能否获得稳定的血糖供应所产生的能量;大脑神经元和神经胶质细胞的成熟和代谢有赖于许多必需氨基酸和微量元素。糖、蛋白质、脂肪、胆固醇等组成各种脑磷脂、髓鞘磷脂、糖脂、糖蛋白、脂蛋白等,它们有的参与脑细胞的核代谢,有的组成神经髓鞘,有的参与记忆过程中新蛋白质分子的合成。各种无机盐、微量元素和维生素等,由于都参与神经系统的生物氧化和功能维持,所以都是促进智力发育必需的营养物质。

(三)环境污染

环境污染物按其性质可分为生物性污染、化学性污染和物理性污染三大类,其中以化学污染物的危害最大。目前全世界市场上使用的化学物质达 10 万种以上,其中对人体健康有害的约有 3.5 万种,每年还有 1,000~2,000 种新化学产品投入市场、投入环境,并通过空气、饮水和食物进入人体。当前,影响儿童生长发育的环境污染主要有铅污染、氟污染和砷污染。

铅不是人体必需的微量元素,但铅普遍存在于人的周围生活环境中,在非职业接触铅的人群体内普遍可以检测出铅。铅是多亲和性毒物,主要损害神经系统,以及血液系统、心血管系统和消化系统等。铅的毒性与年龄密切相关,由于儿童在铅的吸收、分布及排泄过程中具有吸收多、排泄少,骨骼中的铅较易向血液及软组织中移动等特点。因此儿童对铅的毒性更为敏感。氟是人体必需的微量元素,具有亲骨性,正常人体内含氟量约为 2.6g。人体氟含量受饮食与地区环境的影响,因而体内含氟量变动较大。氟主要蓄积在牙齿和骨骼中,生理范围内的氟含量对骨及牙齿发育、防止龋齿发生有重要作用。有学者认为,成人每日摄入的水中氟不超过 4mg/L~6mg/L,不会发生蓄积,如摄入过量则可引起氟中毒。砷的化合物可经消化道、呼吸道及皮肤吸收。砷也是人体的必需微量元素之一,对人体发育、磷脂和氨基酸代谢及某些酶的活性有重要作用。但摄入量过大则有明显毒性,严重时可使各重要器官发生变性、坏死,如脑、脊髓、周围神经变性,肝脂肪变性、坏死,肾小管上皮变性、坏死,心肌变性等。

(四)社会因素

社会因素包括家庭、学校、社会环境等。社会因素的影响是多方面的,家庭是儿童最早接触和接触最多的成长摇篮;学校不仅是知识教育的基地,而且也是促进健康的场所;社会大环境则直接或通过家庭和学校间接地以政治、经济、道德、文化等因素作用于儿童青少年的身体及心理发育和发展。贫穷、营养缺乏、居室拥挤、卫生设施的缺乏、疾病流行、吸毒、酗酒、性病等因素将直接或间接地影响儿童的生长发育。

家庭是组成社会的最基本单位,多数儿童整个生长发育期的大部分时间是在家庭环境中度过的。家庭的经济状况、社会地位、生活方式、家庭气氛、父母的职业、父母的受教育程度、父母的性格及爱好特点以及家庭教育,对儿童的体格发育及智力、性格、品德等心理健康的发展都有重要影响。

学校良好的物质环境与物质条件能使学生产生愉悦的心境和安全感,同时还能激发他们爱校护校的热情,自觉形成良好的社会公德意识。良好的学校精神氛围是学校师生共同建立的,在气氛和谐、相互尊重、理解、关心、爱护、心情愉快的环境中,学生的心理健康将会得到最直接有利的促进。

社会环境对儿童青少年健康和生长发育具有不可控制的广泛影响。在贫穷落后地区,由于对教育、公共卫生和福利事业等方面的投资少,将直接影响生活、学习条件,进而影响儿童身心的正常发育。生长发育还有明显的城乡差异,城区儿童的发育水平高于农村儿童,社会经济生活水平是造成这一差异的主要原因。近几年来我国农村经济及卫生水平得到较快提高,为缩小城乡儿童发育水平上的差距创造了条件。

二、儿童身体发育引起的心理成长

(一)大脑发育带来脑机能的发展

在大脑的发育上,自妊娠最后 3 个月至生后 1.5~2 岁是脑发育的最快时期,也是最为关键的时期。小孩出生时脑重量 350~400g,占体重的 1/8~1/9,约为成人

脑重的 25%。1 岁时为出生时的二倍,达成人脑重的 50%。2 岁时为成人脑重的 75%,显然在最初 2 年内脑发育是快的。3~6 岁时,脑的发育仍较迅速,脑重已由 1 岁时的 900g 增至 6 岁时的 1200g。神经纤维分支加多加长,这有利于神经元联系的形成。6 岁左右,大脑半球的一切神经传导通路几乎都已髓鞘化,身体在接受刺激后,可以很快地、准确地由感官沿着神经通路传到大脑皮质高级中枢。7~8 岁的儿童大脑半球继续发育,脑重由 6 岁时的 1200g 增加到 1300g。9~16 岁,这一时期主要进行着脑细胞内部的结构和功能的复杂化过程。

随着大脑皮质的发育生长,儿童脑机能也发展了。儿童脑的兴奋过程与抑制过程逐渐趋向平衡,觉醒时间延长,睡眠时间缩短。儿童平均每天需要睡的时间:7 岁为 11 小时,10 岁为 10 个小时,12 岁为 9~10 小时。内抑制自 4 岁以后迅速发展,形成速度不断加快。这表现在儿童能更细致地综合分析外界事物,并且更善于调节控制自己的行为。同时,内抑制发展加强了皮层对皮层下的控制,同时也加强了儿童心理的稳定性。条件反射形成的时间也缩短,形成后不易泛化,也较为巩固。第一和第二信号系统相互关系发生变化。童年期儿童的第二信号系统,主要是在教学活动中与成人交际的过程中发展起来的。在教学过程中,儿童要更好地领会教师的言语,完成口头的和书面的作业,从而逐步改变了两种信号系统的相互关系。幼儿是第一信号系统占有主要地位,童年期儿童由于言语的进一步发展,第二信号系统活动就日益发展起来。幼儿和童年期刚入学的儿童在进行计算时,往往要更多地依靠直接刺激物(实物、图画),但在教学的要求下,计算就逐步成为独立的、不需过多依靠直接刺激物的思维过程。在其他学习活动上,如学习识字、阅读、常识等,也有同样的情况。当然,整个童年期,儿童的第二信号系统初步占有主要地位,还不能作很高的估计。事实上,这一时期内,抽象逻辑思维能力和掌握道德行为准则的能力还是较差的。

(二)感知觉的发展

感知是通过各种感觉器官从环境中选择性地获取信息的能力。感知的发育对儿童运动、语言、社会适应能力的发育起着重要促进作用。在视感知的发育方面，新生儿已有视觉感应功能，瞳孔有对光反应，但视觉不敏锐，只有在 15~20cm 范围内视觉最清晰；第 2 个月可协调地注视物体，头随移动的物体在水平方向转动 90°，有初步的头眼协调；3~4 月时喜看自己的手，头随物体水平移动 180°；5~7 月时目光可随上下移动的物体垂直方向转动，追随跌落的物体，开始认识母亲和常见物品；8~9 月时出现视深度的感觉，能看见小物体；18 个月时能区分各种形状，喜看图画；2 岁时两眼调节好，可区分垂直线和横线；5 岁时能区别颜色；6 岁时视深度充分发育，视力达 1.0。

在听感知的发育方面，出生时听力较差，但对强声可有瞬目、震颤等反应；出生 3~7 天后听力相当好，声音可引起呼吸节律改变；1 个月时能分辨"吧"和"啪"的声音；3~4 个月时头可转向声源（定向反应），听到悦耳声时会微笑；6 个月时能区别父母的声音，唤其名有应答表示；7~9 月时能确定声源，区别语言的意义；1 岁时听懂自己的名字；2 岁时区别不同高低的声音，听懂简单的吩咐；4 岁时听觉发育完善。

在味觉和嗅觉的发育方面，出生时儿童味觉已很完善，对甜、酸有反应；4~5 月对食物微小改变已很敏感，为味觉发育关键期，此时应适量添加辅食。出生时嗅觉中枢与末梢早已发育成熟，生后对乳香味已有反应；1 个月时对强烈气味表示不愉快；3~4 月区别好闻难闻；7~8 月更灵敏，对芳香味有反应。

在皮肤感觉的发育方面，出生时痛觉存在，但不敏感，两个月后改善；触觉高度敏感，尤其眼、口周、手掌、足底等部位高度灵敏，触之出现先天的反射动作；对冷刺激比热刺激更敏锐，尤对寒冷可哭闹；2 个月可感觉出牛奶冷热；3 个月的婴儿已能区分31.5℃与 33℃的水温。2~3 岁时儿童通过接触能区分物体的软、硬、冷、热等属性；5 岁能分辨体积相同而重量不同的物体。

在知觉发育方面，知觉的发育与听、视、触等感觉的发育密切相关，是人对事物的综合反应。1 岁左右儿童开始有空间知觉，3 岁能辨上下，4 岁辨前后，5 岁辨左

右。在时间知觉上,4~5 岁儿童区别早、晚、今天、明天、昨天;5~6 岁区别前天、后天、大后天。

(三)语言运动能力的发展

语言的发育是全面发育的标志,与智能、听力、发音密切相关。正常儿童天生具备发展语言技能的机制和潜能,但是环境必须提供适当的条件,如与周围人群进行语言交往,其语言能力才能得以发展。1~2 个月开始发喉音;2 个月发"啊""伊""呜"等元音;6 个月出现辅音,7~8 个月能发"爸爸""妈妈"等复音,8~9 个月喜欢模仿成人口唇动作练习发音。9 个月能听懂简单的词意(再见、把手给我等);10 个月能有意识地叫爸爸、妈妈。在理解的基础上,儿童学会表达语言(理解 50 个词,才能说出第一个被理解的词)。1 岁开始会说单词;1.5~2.5 岁能说单词句、双词句;2.5~4 岁能说简单句和复杂句。

大运动发育,一般新生儿俯卧位时能抬头 1~2 秒;3 个月时抬头较稳;4 个月时抬头很稳,并转动自由。7 个月可有意从俯卧位到仰卧位或仰卧位到俯卧位。8 个月坐稳,并能左右转身。7~8 个月可用手支撑胸腹,使上身离开床面或地面,有的可在原地转,8~9 个月可用双上肢向前爬;12 个月左右爬时手膝并用。8 个月可扶站片刻,10 个月扶走,11 个月独自站立片刻,15 个月独走较稳。18 个月可跑和倒退走;24 个月双足并跳,30 个月独足跳。精细运动发育过程主要表现为手部动作进展。新生儿两手握拳,拇指内收;3~4 个月握持反射消失,可胸前玩手;6~7 个月时有捏、敲等动作,可换手;9~10 个月时拇、食指拾物,喜撕纸;12~15 个月学用匙,乱涂画;18 个月能叠 2~3 块积木;2 岁时能叠 6~7 块积木,会翻书,握杯喝水。

(四)社会性的发展

性格为重要的个性心理特征。婴儿期由于一切生理需要均依赖成人,逐渐建立对亲人的依赖性和信赖感。幼儿时期儿童已能独立行走,说出自己的需要,自我控制大小便,故有一定自主感,但又未脱离对亲人的依赖,常出现违拗言行与依赖行为相交替现象。学龄前期儿童生活基本能自理,主动性增强,但主动行为失败时易出现失望和内疚。学龄期儿童开始正规学习生活,重视自己勤奋学习的成就,如不能发现自己的学习潜力将产生自卑。青春期少年体格生长和性发育开始成熟,社交增多,心理适应能力加强但容易波动,在感情问题、伙伴问题、职业选择、道德评价和人生观等问题上处理不当时易发生性格变化。在儿童性格的发展过程中,外界环境和父母教育对儿童性格的发展有重要影响。

儿童社会行为是各年龄阶段心理行为发展的综合表现,其发展受外界环境的影响,也与家庭、学校、社会对儿童的教育有密切关系,并受神经系统发育程度制约。新生儿醒觉时间短,对周围环境反应少,但不舒服时会哭叫,抱起来即安静;2个月,注视母亲脸,逗引会微笑;4个月,认出母亲与熟悉的东西,能发现和玩弄自己的手、脚等,开始与别人玩,高兴时笑出声;6个月,能辨出陌生人,玩具被拿走时会表示反对;8个月,注意周围人的行动,寻找落下或被当面遮挡的东西;1岁,独立性增强,能较正确地表示喜怒、爱憎、害怕、同情、妒忌等感情;2岁左右,不再认生,爱表现自己,吸引别人注意,喜听故事、看画片,能执行简单命令;3岁,人际交往更熟练,合作游戏,能遵守游戏规则;随着接触面不断扩大,对周围人和环境的反应能力更趋完善。

第二节　儿童心理发展的特征

一、儿童心理发展的年龄特征

儿童心理发展的年龄特征,是指儿童在每个年龄阶段中形成并表现出来的一般的、典型的、本质的心理特征。一般认为,个体从出生到成熟大约经历了六个时期:乳儿期(0~1岁)、婴儿期(1~3岁)、幼儿期(3~7岁)、童年期(7~12岁)、少年

期(12~15 岁)、青年初期(15~18 岁)。心理发展的年龄特征就是指个体在这些心理发展的年龄阶段中的特征,而不是指每一岁的特征。这些特征是从各个年龄阶段中的许多具体的、个别的儿童心理发展的事实中概括出来的,是一般的、本质的、典型的特点。它既不同于前一个发展阶段,又不同于后一个发展阶段。

(一)年龄是儿童心理发展的一个必要条件

年龄是儿童心理发展的一个必要条件,它对心理发展起着有规律性的制约作用。儿童的生理发展和儿童的经验积累,都与生活实践相联系。一方面,儿童生理年龄特征是儿童心理年龄特征形成的自然前提。一般说来,儿童年龄较小,生理年龄特征对儿童心理发展的制约性相对较大。反之,儿童年龄较大,生理年龄特征对儿童心理发展的制约性相对较小。另一方面,儿童心理是在成人的教育影响下,在儿童自己的活动中,通过掌握社会知识经验、技能技巧来发展的。正是在一定的时间进程中,儿童和周围人进行交往,积累各种经验,形成了心理发展的新特征,从而保证从一个发展阶段向另一个发展阶段过渡。

可见,儿童心理年龄特征是在一定的社会和教育条件下形成起来的。儿童心理发展的方向和趋势固然受客观的自身发展规律所制约,但由于社会和教育条件不同,儿童的年龄特征会出现差异。比如,原始社会生产发展水平极低,幼小儿童已经能够和成人一起参加社会生产劳动,因而儿童期很短。随着社会生产水平的提高,儿童需要更多的时间学习和准备以参加社会生产劳动,儿童期逐渐延长,儿童心理的年龄特征也随之而发生变化。由此可见,儿童心理年龄特征并不是随年龄增长而自发地出现的。

(二)儿童心理年龄特征的稳定性和可变性

心理发展的年龄特征既有稳定性,又有可变性。在基本相同的社会生活条件下的儿童之间,甚至在不同的社会生活条件之下的儿童之间,年龄特征具有一定的普遍性、相似性、稳定性。如,阶段的顺序,每一阶段的变化过程,大体上都是稳定的、共同的。但另一方面,在不同历史时代、不同社会制度、不同社会集团的儿童之间,以及同时代、同社会、同阶段而具体生活不同的儿童之间,年龄特征又会有所变化、有所差别。一般来说,和意识倾向及道德品质关系较大的特征,其可变性大于认知方面的特征。

心理发展的年龄特征的稳定性和可变性都是相对的,而不是绝对的。如果无稳定性,也就没有什么年龄特征可言了。但这种稳定性并不意味着一成不变,完全相同,它只是一种相对的稳定。随着各种条件不同,年龄特征在一定范围、程度上可以发生某些变化,但这些变化也是有限制的,而不是毫无限制的。比如认知能力方面的特征,在一定社会历史条件下会有一定范围和幅度的变化,但各年龄阶段,心理特征之间的顺序性和系统性,不会因为社会生活条件的改变而打破,也不会跳过某个阶段。

二、儿童心理发展的一般规律

(一)儿童心理发展的顺序性和阶段性

人的心理发展是有一定顺序的,儿童的心理发展也要遵循一定的顺序,它表现为心理发展是由低级到高级、由量变到质变连续不断的发展,表现为一定的规律性。如儿童的思维由形象思维发展到以抽象思维为主,记忆从机械记忆发展到意义记忆,情感上由直觉情感心理向理性情感心理发展等。人的心理发展又表现为一定的阶段性,儿童在不同的年龄阶段会表现出一些不同的心理特征。例如,低年级儿童的逻辑思维主要属于经验型,他们在进行抽象概括、归纳总结、推理论证时,仍要用具体形象作支持,而到青年期的成熟阶段,经验型的逻辑思维逐渐被理论型的思维所取代。他们已不满足于对已知的经验、材料的了解和记忆,而力求将这些经验和材料从理论上加以证明,并发现其规律性以指导自己的学习,拓展自己的知识视野。

(二)儿童心理发展的稳定性和可塑性

人的心理发展一般是比较稳定的,即心理的发展具有一定的顺序性和系统性,在正常情况下,一般都不会越过某个发展阶段或者任意改变其发展顺序。也就是

说在一定的社会和教育条件下,儿童心理发展的阶段顺序、每一阶段的心理变化过程和速度基本都是稳定的、相似的。这种稳定性还表现在,不同时代、不同社会,儿童的心理特征也存在着普遍性和共同性。即使是不同的种族、在不同的时代,这个年龄段思维的形象性基本相似,尽管他们在思维的深度、范围上有一定的差别。心理发展的可塑性是指在一定的条件下,人的心理发展程度和速度会发生某些变化,表现出一定的差异性。由于社会和教育条件的变化,由于生理及主观能动性等因素的影响,儿童的心理特征在程度上表现得可能比较鲜明,也可能比较模糊;在速度上或快或慢,出现得或早或晚,经历的时间或长或短。例如:我国现阶段儿童的心理发展与改革开放前同年龄儿童相比已产生了许多新的变化。

(三)儿童心理发展的共同性和差异性

心理发展的共同性是指在不同时代、不同的社会背景下,儿童期的心理发展都表现为一定的普遍性或相似性。而儿童的心理特点也是从许多儿童心理发展的事实中概括出来的,具有一般性、本质性、典型性的特点。尽管不同的历史时期,不同的社会生活和教育条件可以在某种范围和幅度上给心理发展以影响,但绝不会打破这种共同性。正常发育的相同年龄阶段的儿童,其心理发展水平大体相同,但由于各种主客观因素的影响,其心理的发展也存在着个别差异。首先是发展的速度和水平各不相同,如人们所常说,有的人早慧,而有的人则大器晚成,有的儿童在上学前抽象思维已获得一定程度的发展,而有的要到三四年以后才发展抽象思维。在个性心理方面,如兴趣、爱好、性格、意志、能力等,儿童也存在差异,这种差异性还表现在性别之间,如女性的言语能力较优,而男性的空间能力较强,等等。

第三节 儿童心理发展的促进

一、儿童心理发展的影响因素

有的孩子天生聪明伶俐,有的则反应迟钝;有的孩子一出生就好动、爱哭闹,有的安静易哄;有的孩子内向敏感、胆小退缩,有的则活泼外向、大胆自信……每个孩子都是父母所生,是那么的天真可爱,但每个孩子又是那么的不同,各有特色。究其原因就是由于各种因素影响儿童心理发展。影响孩子心理发展的因素很多,包括遗传因素、环境因素、教育因素、实践活动因素以及个人主观努力因素等。儿童的心理发展是生物遗传因素和外界环境因素共同作用的结果,这些因素中许许多多的差异造就了孩子形形色色的特点。

(一)遗传因素是儿童心理发展的生物前提

生物遗传因素是儿童心理发展的生物前提,尤其是儿童的智能发展很大程度上取决于生物遗传的因素。遗传因素影响儿童心理发育的常见现象有:父母或家族近亲中有遗传疾病,某些有遗传倾向的精神障碍,父母近亲结婚,父母接触有毒害的物质或酗酒、吸毒造成染色体突变,母亲为高龄产妇等。儿童先天的气质特点也是个性形成的一个重要因素。就外因来看,从胎儿期到以后儿童成长的过程中,很多物理、化学、生物学等有害因素会影响到儿童的大脑,造成精神心理的发育异常,如母亲妊娠期间接触有毒害的物质、服用某些药物、某些病毒感染、精神受刺激,胎内或产后窒息、高热抽搐、中毒(如铅中毒、一氧化碳中毒)、营养不良、脑外伤、脑炎、癫痫等许多疾病。

(二)环境因素是儿童心理发展的决定条件

在绝大多数儿童的生物遗传因素基本相同的情况下,环境就成为影响儿童心

理发展的决定性条件。环境因素又可分为自然环境因素和社会环境因素。自然环境指的是大自然为人提供的生存和发展的条件,包括气候、土壤、山川、河流、矿藏以及动植物资源等。自然环境对人心理的影响是不可忽视的,在我们的现实生活中会看到许多应用这一原理的实例。如疗养院所处之处必定山清水秀,可以放松人的心情。再如我国东南沿海城市的人群就比内地人民更具有开放性的心理特征。在海边生活的人心胸较为开阔,在高山上居住的人有着良好的协作精神。严寒酷暑能锻炼人的意志品质,风雨交加使人平添焦躁与愁绪,山清水秀会令人旷神怡。社会生活因素是指影响心理发展的各种社会生活条件。在所有的因素中,社会生活因素对心理发展的作用是最复杂的,政治、经济、科技、文化、教育、传统、风俗习惯等一切社会生活条件对心理的发展都起着重要影响。因此,社会生活的多种多样决定了个人心理特征的复杂性,而后天教育又对个人心理特征的形成起着不可估量的作用。每个孩子从一出生就受教育的影响,从家庭教育到学校教育,他们被父母与社会关爱着,也被设计着按照这个社会统一的行为规范与道德规范成长着。因此,大多数的孩子都是沿着正常的轨迹发展的,即使他们的个性会有所不同,但他们依然形成了我们这个社会所共有的一种心理特征。在接受各种教育的过程中,孩子们逐步地塑造和完善自己的心理,最终形成了完整健全的人格。因此我们可以说,后天环境中的教育才是影响一个人心理形成的决定性因素。

总之,遗传因素是心理发展的生物前提,环境和教育因素起着决定作用。遗传为发展提供前提条件和基础,但究竟以后怎样发展,朝哪个方向发展,则取决于孩子所处的环境和所受到的教育,而实践和活动则是心理发展的基础和源泉,主观努力便是心理发展的关键。要使孩子的心理得到良好的发展,家长必须了解和懂得影响孩子心理发展的这些因素,然后施以正确地引导和培养。

二、家长应当怎样促进孩子的心理发展

我们知道环境因素是影响儿童心理发展的决定性条件,而对于儿童来说最为重要的环境因素就是家庭环境与学校环境。对于家长来说,能够直接影响孩子心理发展的就是家庭环境。

（一）对孩子的心理发展充满积极期望

生物因素决定儿童智能发育的最大限度,而环境因素则决定智能发挥的程度,儿童先天情况良好但后天环境不良、教育落后,也可使孩子发育落后;反之,虽先天不足,但后天及时干预、教育得当也可使孩子得到良好的发展。良好的环境有助于孩子心理的健康发展,在民主、和睦、生活丰富多彩的环境中长大的孩子,大多自信、活泼、独立,而在专断、关系紧张、缺乏爱的环境中长大的孩子,容易形成胆小、自卑、孤僻或叛逆的性格。为了孩子的心理得到良好的发展,每一对夫妇应尽量避免影响儿童心理健康的不良因素,创造有利因素,如:做好孕前咨询,孕期定期检查,孩子出生后给他们营造一个良好的生活环境,学一些儿童心理知识,做到根据自己孩子的特点采取恰当的抚养教育方式。

（二）父母从自我改变做起

"天下无不是的孩子",这话是有一定道理的。日本学者相部和男通过对一万名青少年犯罪者采访后认为,青少年犯罪其根源在于父母对孩子的教养,都是父母的错,父母在孩子的成长过程中扮演着极其重要的角色。父母的信念、情绪、行为无不对孩子有影响。作为孩子生命中的重要他人、最初的也是最长远的教育者,要想改变孩子,让孩子健康快乐地成长,首先要保障自己健康快乐,乐于自我改变。另一方面,随着社会环境的快速变迁,现代父母依靠自己自小被教养的经验来教育子女,已不足以应付子女成长发展的问题。而且孩子在不断地成长,父母需要依据孩子的心理发展特点相应地做出调整。许多父母似乎期望天生就能胜任这一角色,然而事实并非如此,他们缺乏担任父母角色应有的知识和能力,他们需要学习行之有效的教育子女的观念和方法。那么,如何通过学习达到自我改变呢? 父母要重新检讨自己对孩子的教养方式是否适当、是否合理,是否符合他这一年龄段发展的要求,如"我需要孩子听我的""好父母就是把孩子照顾得无微不至""成功的父母是视孩子的成绩而定"……这些都需要借着各方面的信息来澄清,尤其需要更

大的勇气来改变。

(三)身教重于言教

对孩子来说,榜样是最好的激励。家庭是孩子成长的第一个小型社会团体,在家庭中孩子学习、发展他的认知及行为,父母的言谈举止自然而然地成为孩子模仿的对象。然而,现在的父母都很喜欢用说教的方式来教育子女,甚至有"要照我说的去做,不要照我所做的去做"的说法,真是一大讽刺。曾有孩子抱怨父母买了一大堆书给他,告知书是人生最大的财富,说书是最佳的精神食粮,希望他能用心读书,但父母却从来不看书。也有父母成天守在电视机旁,却要求孩子读书、再读书。试想,没有适当的环境,却要求孩子有那样的特质,这是很难的。特别是有关人生意义及生活智慧,除了父母亲身实践外,是无法让子女从书本上学习到的。孩子从父母身上学习到的将是他一生最丰富、最珍贵的财产。

(四)提供温馨的家庭氛围

在爱中长大的孩子,懂得如何去爱别人。研究犯罪的学者一再告诉我们,许多罪犯都生长在破碎不健全的家庭里,进而促使他步入歧途。现在的父母普遍有一个感觉,就是现在的孩子缺乏敏锐柔软的心,不能理解父母的良苦用心。其实,温暖的心灵必须用爱的土壤来培育,我们总是给孩子我们认为需要的、最好的,结果却适得其反。有的父母用理论、道理来教育孩子,固然可能培养出社会精英,但我

们真正需要的是能感恩惜福、体贴快乐的感性孩子。家庭除了提供温饱,它更多的功能在于为人们辛苦工作和学习之后提供休息,或者遭遇挫折时提供温暖和关怀。作为父母,可以勇敢地表达爱,鼓励孩子表达爱,经常创造在一起的时间。俗话说,家庭是需要经营的。

(五)让孩子自己成长

通常,一个记忆力不好的孩子会有一个记忆力太好的母亲;一个不爱干净的孩子会有一个太爱清洁的妈妈。这些父母似乎太爱管闲事了,把孩子的问题揽到了自己身上。其实孩子的事情应该由他自己去处理,做父母要明白什么事情该管,什么事情不该管。明智的父母会给孩子提供更多的选择,让孩子自己负责一些事情,给孩子更广阔的空间,在合理的范围内让他自己做决定。这样,经历过风雨的孩子,才能成长得更健康。为孩子做他可以做的事,不但剥夺了孩子学习和体验其长处的机会,更显示父母对孩子的能力、勇气缺乏信心,剥夺了孩子的安全感,否认了孩子自己有能力解决问题。培养孩子的独立性,就要让他能自己安排自己,为自己负责任,父母则在旁给予支持及鼓励。让孩子自己成长,意味着父母要学会等待,不仅等待孩子更成熟、更懂事,相对地也等待父母自己的成长。许多父母恨铁不成钢,忘了孩子的成长需要时间,忘了自己也需要成长。客观地说,许多传统的教养观念和态度确实需要进行重新思考。

(六)孩子的快乐比成功更重要

现在的父母常常把成功定位在高经济收入和高社会地位上,这样的期望给孩子带来了压力,使得亲子关系紧张,每天重复着你追我跑、你赢我输,日渐疏远了亲子沟通。其实在这多元的社会里,孩子健康快乐地成长,又怎会没有出人头地的机会?一个懂得爱护和珍惜自己的孩子,一定会全力以赴地学习、快乐地成长。孩子需要父母以平等、民主、尊重的原则对待,而不是事事帮他准备齐全、设想周到,从而剥夺他学习的机会。做称职的父母并不意味着绝不能脾气失控,偶尔的挫败、生气激动,乃人之常情,不必过于自责。他们真诚地爱孩子,不因孩子成绩的好坏而改变;他们对孩子表达真实的感受,乐于在教养的过程中和孩子一起成长;他们了解做父母有很多沟通的技巧和方法需要学习,但其中最重要的是自己必须拥有正确的教养观念和态度。

本问卷可用来检查婴幼儿的动作(精细动作)能力发展的情况,共由36个问题项目组成,每个问题均用"是"或者"否"回答.

(1) 有时抓住小玩具不放吗?

(2) 能抓住眼前的玩具吗?

(3) 能用拇指、食指拿东西吗?

(4) 能松开手拿物吗?

(5) 能拿起面前的玩具吗?

(6) 会从瓶中倒出小球吗?

(7) 能堆积木 2-5 块吗?

(8) 能用匙盛东西吃,尽管总是溢出很多吗?

(9) 能用双手端碗吗?

(10) 能堆积木 6-19 块吗?

(11) 会脱袜鞋吗?

(12) 会穿珠子吗?

(13) 能模仿折出近似长方形的纸样来吗?

(14) 能独自用匙吃饭吗?

(15) 能模仿画出近似的横线吗?

(16) 会一只手端碗吗?

(17) 能模仿折出近似正方形的纸样来吗?

(18) 能模仿画出近似的圆吗?

(19) 会抓住拨浪鼓吗?

(20) 会两手握在一起吗?

(21) 会注意葡萄干吗?

(22) 会伸手拿东西吗?

(23) 坐着会拿两块积木吗?

(24) 能通过匙把小丸拿到手吗?

(25) 会坐着找绒球吗?

(26) 会将手中拿的方积木对敲吗?

(27) 会拇指与食指互相抓握吗?

(28) 能模仿着从小瓶中倒出小丸吗?

(29) 能自发地乱画吗?

(30) 会搭八层塔吗?

(31) 能模仿搭桥吗?

(32) 能从若干线段中挑出较长的线段吗?

(33) 能模仿画出"十"字吗?

(34) 能模仿画出"口"字吗?

(35) 画人能画 6 处以上吗?

(36) 能双手互相传递东西吗?

【计分规则】

每个问题回答"是"得1分,回答"否"得0分。将所有项目上的得分相加,即可得总分。

【结果分析】

(1)满1岁的婴儿,若总分低于12分,即可认为其手的动作能力没有达到健康水平;若总分高于20分,则可认为有超常的动手能力。

(2)满2岁的婴儿,若总分低于18分,即可认为其手的动作能力没有达到健康的水平;若总分高于30分,则可认为有超常的动手能力。

(3)3岁以上的幼儿,若总分低于28分,则可认为其手的动作能力没有达到健康的水平。

儿童心理保健

ERTONG XINLI BAOJIAN

02

孩子哭闹是家庭常见的场景，孩子不能获得满足第一反应就是哭。第一次哭后，孩子得到了一块糖；第二次哭后，孩子争得第一个表现的机会；第三次哭后，别人不敢拿他的东西。渐渐地，哭变成了孩子达到自己目的的武器。也因为如此，让孩子变得越来越自私，越来越爱哭。有的父母怕烦，就总是一味儿地满足孩子。久而久之，就会让孩子养成不健康的心理。世界卫生组织给健康所下的定义是"不仅是没有疾病和病痛，而且是个体在身体上、精神上、社会上的完满状态"。由此可知，身体健康和心理健康同等重要，心理健康是健康的一半。特别是现在，人们生活相对富足，让孩子身体健康已不是一件太难的事，反而倒是儿童的心理健康正日渐引起人们的重视。

第一节　正确认识儿童心理健康

一、健康及心理健康

（一）全面认识健康

健康是每个人都渴求的，但并非人人对健康都有一个正确的认识。长期以来，人们把健康定义为没有疾病，又把疾病定义为不健康，于是健康与疾病就成为人体生命状况的两端。按照最新的观点认为，健康不仅是没有疾病和虚弱现象，而且是一种个体在生理上、心理上、社会上完全安好的状态。所以一个健康的人，既要有健康的身体，还应有健康的心理和行为，只有当一个人身体、心理和社会适应都处在一个良好状态时，才是真正的健康。根据现代生物—心理—社会医学模式，世界卫生组织确定了个体健康的10项标准。

1.有足够的充沛的精力,能从容不迫地应付日常生活和工作的压力而不感到过分紧张。

2.处世乐观,态度积极,乐于承担责任,大事小事都不挑剔。

3.善于休息,睡眠良好。

4.应变能力强,能适应环境的各种变化。

5.能够抵抗一般性感冒和传染病。

6.体重适当,身体匀称,站立时头、臂、臀位置协调。

7.眼睛明亮,反应敏捷,眼睑不发炎。

8.牙齿清洁,无空洞,无痛感,齿龈颜色正常,无出血现象。

9.头发有光泽,无头屑。

10.肌肉、皮肤富有弹性,走路感觉轻松。

最近,世界卫生组织又把健康标准进行重新表述,基本思想和理念未变,但更容易使大众掌握与理解,这一新的表述可概括为"五快"和"三良好"。

"五快"指:

1.吃得快:进餐时,有良好的食欲,不挑剔食物,并能很快吃完一顿饭。

2.便得快:一旦感觉有便意,能很快排泄完大、小便,而且感觉良好。

3.睡得快:有睡意,上床后能很快入睡,且睡得好,醒后头脑清醒,精神饱满。

4.走得快:行步自如,步履轻盈。

5.说得快:思维敏捷,口齿伶俐。

"三良好"指:

1.良好的个性人格:情绪稳定,性格温和;意志坚强,感情丰富;胸怀坦荡,豁达乐观,没有经常性的压抑感和冲动感。

2.良好的处世能力:观察问题客观、现实,具有较好的自控能力,能适应复杂的社会环境,能保持对社会外环境和身体内环境的平衡。

3.良好的人际关系:与他人交往的愿望强烈,助人为乐,与人为善,尊重他人人格,对人际关系充满热情。

(二)正确把握心理健康

心理健康是指个体在适应环境的过程中,生理、心理和社会性方面达到协调一致,保持一种良好的心理功能状态。

保持良好的心理功能状态,必须符合三项基本原则:其一是心理活动与客观环境的同一性原则。不论在形式上还是内容上都与客观环境保持统一。失去统一,即失去平衡,则心理失调,行为异常。例如,青少年儿童富于想象,幻想未来,无疑是正常现象,但若一儿童整天想入非非,甚至产生幻觉,则是心理异常表现。其二是心理过程之间协调一致性原则。即一个人的认知、情感、意志等心理活动保持自身的完整统一,协调一致,保证准确有效地反映客观现实。如果失去这种协调和统一,必然会出现异常心理。例如,当一个人对令人愉快之事作出冷漠的反应,而对使人痛苦之事却作出欢迎的反应,这是心理异常的表现。其三是个性特征的相对稳定性原则。即一个人在长期的生活经历中形成的个性心理特征,具有相对稳定性,一般是不易改变的。但是,如果在外部环境没有巨大变化的情况下,一个人的个性出现明显的变化,就应考虑到心理活动是否出现异常。例如,一个平常热情活泼的人,突然变得沉默寡言,一反常态。

上述衡量一个人是否达到良好的心理功能状态的三项基本原则,也是我们分析和诊断一个人心理健康或心理异常的理论依据。

二、心理健康的意义

(一)有利于孩子的身心健康成长

孩子正处在心理机能迅速发育成熟的时期,因此,开展心理健康教育,让孩子了解和掌握心理健康教育的内容,就是及时地针对性地施以教育,对症下药,使孩子知道什么是健康和不健康的心理,保证心理健康就能促进孩子身体健康成长。

(二)有利于学习、工作效率的提高

健康的心理对于学习、工作的效率起重要的作用,对竞赛技能的发挥更为重要。一个心理健康的人朝气蓬勃,开朗乐观,学习和工作有劲,效率高,而一个心理不健康的人常常心神不定,思虑过多,不能集中精力地去学习和工作,既影响生活效率,也大大妨碍创造才能的发挥。

(三)有利于智力与个性的和谐发展

心理健康对于促进人的智力与个性和谐发展,发挥人类最大的聪明才智,对培养人才具有重要意义,对于处在智力发展成熟和个性形成时期的孩子尤为重要。一个人重视心理健康,可使大脑处于最佳状态,更好地发挥大脑功能,有利于开发智力,充分发挥各种能力,有利于个性的和谐发展。

(四)有利于心理问题的防治

心理问题的发生,有一个从量变到质变的过程。我们重视孩子的心理健康,就要注意防止和消除产生心理疾病的各种因素,以防止病变的发生和发展。人的心理疾病,大多数是在成长过程中受到各种社会因素的影响日积月累而逐渐形成的。如果发现孩子有了心理病变的苗头,就及时采取适当措施,使它在量变过程中得以终止和消失;如果确实出现心理问题,应及早给予积极的干预与治疗,使之尽快恢复健康。

三、儿童心理健康的标准

经过对现实社会生活及人们的心理和行为表现的研究,青少年儿童的心理健康标准可以从以下八个方面来考虑。

(一)智力正常

智力是以思维能力为核心的各种认识能力和操作能力的总和。它是衡量一个人心理健康的最重要的标志之一。正常的智力水平是人们生活、学习、工作的最基本的心理条件。一般地讲,智商在 130 以上,为超常;智商在 90 以上,为正常;智商在 70~89 间,为亚正常;智商在 70 以下,为智力落后。智力落后的人较难适应社会生活,很难完成学习或工作任务。衡量一个人的智力发展水平要与同龄人的智力水平相比较,应及早发现和防止智力的畸形发展。例如,对外界刺

激的反应过于敏感或迟滞、知觉出现幻觉、思维出现妄想等,是智力不正常的表现。

(二)情绪适中

情绪适中是指情绪的产生是由适当的原因所引起,情绪的持续时间是随着主客观情况的变化而变化,情绪活动的主流是愉快的、欢乐的、稳定的。有人认为,快乐表示心理健康如同体温表示身体健康一样的准确。一个人的情绪适中,就会使整个身心处于积极向上的状态,对一切充满信心和希望。心理健康的人乐观开朗,热爱生活,积极向上,在一般情况下,总能保持满意的良好心境。这并不是说,心理健康的人不会产生消极情绪。心理健康与否的区别,不在于是否产生消极情绪,而是消极情绪持续时间的长短,以及它在整个情绪生活中所占的比重。心理健康的人积极的情绪状态占优势,而应对失败、疾病和死亡等因素他们也会产生焦虑、悲伤、忧愁等消极情绪,但是不会长久。他们能控制、调节、转移消极情绪,善于避免消极情绪对自身的伤害。

(三)意志健全

一个人的意志是否健全主要表现在意志品质上。意志品质是衡量心理健康的主要意志标准,其中行动的自觉性、果断性和顽强性是意志健全的重要标志。行动的自觉性是对自己的行动目的有正确的认识,能主动支配自己的行动,以达到预期的目标;行动的果断性是善于明辨是非,适当而又当机立断地采取决定并执行决定;行动的顽强性是在做出决定、执行决定的过程中,克服困难、排除干扰、坚持不懈的奋斗精神。反应适度是意志健全的主要组成部分,也是心理健康的外在表现之一。反应适度是说明人的行为表现协调有度。主要表现为:意识和行为一致;为人处世合情合理,灵活变通;在相同或相类似情景下,行为反应符合情境,既不过分,也不突然。

(四)人格统一完整

人格是指一个人的整体精神面貌,即具有一定倾向性的心理特征的总和。人

格的各种特征不是孤立存在的,而是有机结合成一定联系和关系的整体,对人的行为进行调节和控制。如果各种成分之间的关系协调,人的行为就是正常的;如果失调,就会造成人格分裂,产生不正常的行为。双重人格或多重人格是人格分裂的表现。一个人的人格一经形成,就具有相对稳定的特点。因此,形成一个统一的、协调的人格或形成一个残缺的、失调的人格,其性质对心理发展和精神表现的影响是截然不同的。

(五) 自我意识正确

自我意识正确是提倡一种积极的自我观念,是对自我的正确认知,它包括了解自我与接纳自我。了解自我就是有自知之明,对自己有客观的评价。心理健康的人了解自己的优点和缺点,了解自己的能力、性格、爱好和情绪特点,并据此来安排自己的生活与工作,不自傲也不自卑;而且,由于了解自我,他所制定的生活目标、自我期待会切合实际,不会对自己提出过高的期望。相反,一个不了解自我的人,目标超越现实,对自己要求过高而又达不到,为此自卑、自责、自怨,因而易陷入心

理危机;或者狂妄自大,诿过于人,用嘲笑讽刺甚至攻击的手段,来消除受挫的紧张感。心理健康的人不仅了解自我而且还能接纳自我,他总是努力发展自身的潜能,肯定自己;另一方面,对于自己无法弥补的缺陷,他能安然处之,特别是在不利的条件下,还能安慰自己。一个人能了解自我、接纳自我,就能修正自我、完善自我;一个人没有自知力,其行为就会与社会发生偏差。

(六)人际关系和谐

人际关系和谐是心理健康的重要标准,也是维持心理健康的重要条件之一。人际关系和谐具体表现为:在人际交往中,心理相容,相互接纳、尊重,而不是心理相克、相互排斥、贬低;对人情感真诚、善良,而不冷漠无情、施虐、害人;以集体利益为重,关心、奉献,而不私字当头、损人利己等。健康的人际关系应有以下表现:其一,了解他人,理解他人。心理健康的人能客观地了解他人的认识和情感的需要,了解他人的个性、兴趣和品质,能看到并学习他人的优点,且善意地指出他人的错误。心理不健康的人并不想了解他人,只关心自己的私利,对别人的痛苦、欢乐、兴趣、爱好都漠不关心。其二,乐于接受他人,也愿意被他人接受。心理健康的人与他人相处时积极的态度总是多于消极的态度,例如与他人相处时同情、友善、信任、欢心、尊重总是多于猜疑、忌妒、畏惧、敌视。由于心理健康的人喜欢别人,接受别人,所以他在别人中间也总是受欢迎的。

(七)社会适应良好

心理健康的人,应与社会保持良好的接触,认识社会,了解社会,使自己的思想、信念、目标和行动跟上时代发展的步伐,与社会的进步与发展协调一致。如果与社会的进步和发展产生了矛盾和冲突,能及时调节、修正或放弃自己的计划和行动,能顺应历史潮流而行,而不是逃避现实、悲观失望,或妄自尊大、一意孤行、逆历史潮流而动。

(八)心理特点符合年龄特征

人的一生包括不同年龄阶段,每一年龄阶段其心理发展都表现出相应的质的特征,称为心理年龄特征。一个人心理行为的发展,总是随着年龄的增长而发展变化。如果一个人的认识、情感和言语举止等心理行为表现基本符合他的年龄特征,是心理健康的表现;如果严重偏离相应的年龄特征,心理发展严重滞后或超前,则是行为异常、心理不健康的表现。

第二节 儿童期易出现的心理问题

一、儿童期易出现的一般心理问题

(一)人格发展方面的心理问题

自卑心理。部分儿童由于学习成绩不好,屡犯错误,所以无论在家庭还是在学校,他们受到的批评多于表扬、指责多于鼓励、惩罚多于引导。于是自认为不可救药、低人一等,变得心灰意懒、委靡不振,自暴自弃、消极颓废,形成一种我不如人的自卑心理。还有部分儿童并不是本身有某些缺陷和短处,而是不能悦纳自己,常把自己放在一个低人一等、不被喜欢的位置上,并由此心灵笼罩上愁云。他们缺乏自信心,优柔寡断,没有竞争意识,享受不到成功的欢愉。

逆反心理。很多儿童辨别是非的能力较差,疑虑心理重,往往不能正确对待家长的一片苦心和老师的批评教育。他们怀疑一切、目空一切,对正面宣传作反面思考,对榜样及先进人物无端否定,对不良影响产生情感认同,对思想教育、遵章守纪要求消极抵抗。

孤独心理。一些儿童很少和别人交往,爱独自活动,寡言少语,人际关系疏远和淡化,崇尚做"超人"和"怪人",而他们内心却感到孤独、郁闷。有人调查儿童的孤独大致有以下几种情况。(1)境遇型。由于家庭迁移、升学、转学,置身于陌生的环境中,适应能力较差,缺乏主动交往的能力和意向,变成一名孤独者。(2)自我封闭型。有的学生学习成绩较差,自信心不足,便把自己封闭在狭小的个人天地里。(3)行为方式型。现在的儿童大多是独生子女,他们从小到大总是以独处的方式生活、学习,难于了解别人,也难于让别人了解,因而感到孤独。(4)性格自傲型。有的学生自高自大、自命清高、自以为是、孤芳自赏,因而滋生孤独。

忌妒心理。在学校里,一部分儿童因漂亮的容貌、优异的成绩、优越的家庭条件受到教师的宠爱,也会引发另一部分儿童的忌妒之心。具有忌妒心理的儿童,一旦在学习和其他方面不顺利时,就会怨天尤人,而不能冷静地自我反思。在极端的情况下,有些儿童甚至发生人身伤害等攻击性和破坏性行为。

恐惧心理。就儿童群体来说,存在着优等生恐惧同学的竞争、中间生恐惧掉队、后进生感到前途无望等现象;就儿童个体来说,存在着恐惧数学或作文、恐惧使父母的希望落空、恐惧记忆力忽然衰退等现象。一旦恐惧惯了,就容易产生性格上的过于胆怯和羞涩,从而产生心理障碍。他们可能处处疑心,事事戒备,缺乏自信心和主动性。在学习上,也常常会表现为随大溜,缺乏闯劲和首创精神。

自我中心化。一些儿童只沉湎于自我实现和个人奋斗中,处处都以自己为核心,遇到稍有不顺心的事就会大发雷霆、躺倒不干,或触犯到自己的一点点利益就斤斤计较;对集体麻木不仁,对社会漠不关心。在处世中,从不关心别人,一旦个人愿望满足不了,就会去损害社会和他人的利益,以致走上犯罪的道路。

（二）学习与智力方面的心理问题

学习障碍。这种孩子智力正常,在早年可能有一些不明显的语言和运动发育上的问题未引起重视,儿童主要表现为阅读障碍、拼写障碍和运算障碍,因此学习成绩差。若自己的儿童有这类问题也应及时到医院检查,以进行特殊矫治。

智力发育障碍。在发育期间儿童的智能显著低于同龄儿水平,同时伴有明显的社会生活适应能力障碍,这种儿童看上去很幼稚,表情呆滞,有的孩子有很特别的面容,还可能伴有一些畸形,遇上这种情况应马上到医院去检查,以尽早治疗。

注意缺陷多动障碍。这类儿童智力正常,表现为不分场合的多动,但注意缺陷是实质问题,由于注意缺陷影响听课效果,所以学习成绩很差,这种情况也应及时到医院检查和矫治。

语言发育障碍。儿童理解语言和说话延迟或理解和说话能力不如正常儿,智力发育在正常范围,应尽早到医院或专业机构进行语言训练。

发育协调障碍。这种儿童自幼运动发育落后,大运动、精细运动不协调,平衡功能也很差,如容易摔跤或者拍球和书写困难,甚至口腔、舌体等运动不协调还可导致进食、说话和阅读困难,智力发育可在正常范围,如发现自己的儿童有这类问题也应尽早到医院或专业机构进行训练。

厌学心理。部分儿童学生缺乏认真、刻苦、勤奋、钻研的精神,造成厌学等学习上的心理障碍。心理有许多矛盾,诸如,渴望尊重与遭受歧视的矛盾,争强好胜与自卑心理的矛盾,纪律约束与自由散漫的矛盾,等等。如此矛盾重重的心理,使厌学心理进一步加重。

（三）行为习惯方面的心理问题

吸吮手指。小婴儿吸吮手指是一种正常现象,以后随年龄增加,对外界环境的兴趣增加,对自身刺激的注意力减少,吸吮手指的行为会自行消退。一岁后,若儿童仍然经常吸吮手指则属一种不良的行为表现。造成这种行为不消退的原因有:与人交往、玩耍过少,饥饿时未及时哺乳等。

咬指甲。咬指甲是儿童期常见的一种不良习惯。多发生于3~6岁的儿童,症状可持续至青春期。咬指甲的发生常与家庭不和、心情矛盾、精神过度紧张等有关。多数儿童可随年龄增加自行消失,少数人可持续至成年期。

倔强。2~3岁儿童,在意志开始发展的早期阶段有一些违拗和反抗心理属正常行为,对不利于自己的事表示抗拒或拒绝也是正常现象,但3~4岁后随语言、思维、社会情感的发展以及教育的作用,自我控制能力逐渐增强,调控情绪的能力增加,这种违拗和反抗行为会逐渐减少,在这个年龄阶段的孩子,若凡事仍然表现出强烈的违拗和反抗行为,或毫无道理地固执要求他想要做的事,拒绝成人的合理要求,偏做成人禁止做的事,则为不正常行为。平时过于娇惯宠爱孩子,稍不如意就满足儿童不合理的要求或成人脾气暴躁,经常打骂儿童,对儿童的正当要求过于冷漠等都可导致儿童产生强烈的违拗和反抗心理。

依赖行为。不同年龄的儿童都有一定程度的依赖性,尤其在婴幼儿时期是正常现象,但过分依赖、与年龄不相称时则为不正常行为。家庭成员的过分照顾是造成儿童依赖性的最主要原因,相反,缺乏照顾,儿童得不到父母的足够的支持和教养或对儿童要求过高,使儿童屡受挫折,不能形成有关独立成功的经验都可能导致儿童不正常的依赖行为。

退缩行为。在陌生的环境中有短暂的退缩行为对儿童来讲是正常现象,若过分怕生,不愿到公共场所去玩或随父母去亲朋家中做客,从不主动与其他儿童交往,平时表现孤独退缩、胆小怕事、沉默少言,喜一人独自玩,但可在自己熟悉的环境中与熟悉的人玩耍自如,就是一种退缩行为。大多数儿童可随年龄的增加而自行消失。

二、儿童出现心理问题的原因分析

由于人的心理健康是一个具有相对独立性的极为复杂的动态过程,因而制约心理健康,造成心理偏差、心理障碍或心理疾病的因素也是极其复杂多样的。从各种制约因素的性质不同类型来说,主要有生物遗传因素、心理环境因素和社会环境因素;从各种制约因素的功能不同类型来说,可以分为本体因素与诱发因素两大类。本体因素是一个人心理健康状况发生变化的内在原因,而诱发因素则是产生变化的外在原因。诱发因素通过本体因素而发生作用,它决定着人的心理健康状况变化的现实性。例如,紧张的学习生活,对于心理功能状况良好的学生来说,会激发更高的学习热情,投入更多的学习精力,而对于心理功能状况较差的学生来说,有可能引起过度焦虑,导致心理障碍。下面简要阐述本体因素和诱发因素对心理健康的影响。

(一)本体因素

本体因素是个体自身所具有的一种内在的、主观的因素。主要包括个体的生物遗传因素和心理活动因素。

1.生物遗传因素

生物遗传因素的影响主要有遗传因素、病菌或病毒感染、脑外伤或化学中毒,以及躯体疾病或生理机能障碍等。

第一,遗传因素。一般讲,人的心理活动是不能遗传的。但是,一个人作为身心兼备的整体,与遗传因素的关系又是十分密切的,特别是一个人的躯体、气质、智力、神经过程的活动特点等,受遗传因素的影响更为明显。根据调查和临床观察表明,在精神病患者的家族中,患精神发育不全、抽风发作、性情乖僻、躁狂抑郁等神经精神病或异常心理行为表现的人占相当大比例。例如,对躁狂抑郁症和精神分裂症患者亲属的患病率的调查数据显示,精神疾病发病的原因确实具有明显的血缘关系,血缘关系越亲近,患病率越高,而这正是遗传因素的影响。

第二,病菌或病毒感染。临床研究证明,中枢神经系统的传染病,如斑疹伤寒、流行性脑炎等,由于病菌、病毒损害神经组织结构而导致器质性心理障碍或精神失常,它可以阻抑心理的发展,造成智力迟滞或痴呆。

第三,脑外伤或化学中毒。由于种种原因造成的脑震荡、脑挫伤等都可以导致意识障碍、遗忘症、言语障碍、人格改变等心理障碍;由于有害化学物质侵入人体,

毒害中枢神经系统,如酒精中毒、食物中毒、煤气中毒、药物中毒等,亦会导致心理障碍或精神失常。

第四,严重躯体疾病或生理机能障碍。这方面的影响也是造成心理障碍和精神失常的原因之一。例如内分泌机能障碍中,最突出的如甲状腺机能紊乱、机能亢进时,往往出现敏感、暴躁、易怒、情绪冲动、自制力减弱等心理异常表现;肾上腺素分泌过多会引起躁狂症,而肾上腺素分泌不足则可能导致抑郁症。

2.心理活动因素

心理活动即心理状态。个体的心理状态一旦形成,就会影响以后的心理发展和变化。心理活动因素主要包括认知因素、情绪因素和个性因素等。

第一,认知因素。认知是指人对客观事物的认识,反映客观事物的特性与联系,并揭露客观事物对人的意义和作用的心理活动。认知过程就是信息的获得、贮存、转换、提取和使用的过程。人类个体的认知因素涉及的范围极广,主要由感知、注意、记忆、想象、思维、言语等。

每一个体都具有各种认知因素。这些认知因素自身的发展和各认知因素之间的关系可能是协调的,也可能是不协调的。一旦某一认知因素发展不正常或某几种认知因素之间的关系失调,就会产生认知的矛盾和冲突。这种矛盾和冲突,会使人感到紧张、烦躁和焦虑,于是想极力减轻或消除。

认知因素之间的失调程度越严重,则人们期望减轻或消除失调、维持平衡的动机也就越强烈。如果这种需要和动机长时间得不到满足,不能实现,则可能产生心理偏差或心理障碍。认知的严重失调,还会损坏人格的完整性和协调性,甚至导致人格变态。

第二,情绪因素。人的情绪体验是多维度、多成分、多层次的。它是一个人机体生存和社会适应的内在动力,是维持身心健康的重要因素。

一般地讲,稳定而积极的正性情绪状态,使人心境愉快、安定,精力充沛、适度,身体舒适、有力;相反,经常波动而消极的负性情绪状态,则往往使人心境压抑、焦虑、精力涣散、失控,身体衰弱、无力。因此,培养良好的正性情绪,排除不良的负性情绪有益于人们的身心健康。

第三,个性因素。个性因素亦可称人格因素。个性因素包括性格、气质、能力和个性倾向等因素。个性因素是心理活动因素的核心,它对一个人的心理健康影响最大。例如,同样一种生活挫折,对不同个性的人,其影响程度完全不同。有的人可能无法承受或消极应付,从此自暴自弃;有的人则可能接受现实,正视挫折,加倍努力,奋发图强。

研究表明,特殊人格特征往往是导致相应精神疾病,特别是神经官能症的发病基础。例如,谨小慎微、求全求美、优柔寡断、墨守成规、敏感多疑、心胸狭窄、事事后悔、苛求自己等强迫性人格特征,很容易导致强迫性神经症;再如,易受暗示、沉湎于幻想、情绪多变、容易激怒、自我中心、自我表现等特殊人格特征,很容易导致癔症。因此,培养健全的人格,是保持身心健康的关键因素之一。

(二)诱发因素

诱发因素是引起心理问题的外在的、客观的因素,主要包括家庭因素、学校因素和社会因素。

1.家庭因素

对青少年儿童的身心健康来说,家庭的影响也很大。国内外大量研究表明,不良家庭环境因素,容易造成家庭成员的心理行为异常。这些因素主要有:家庭主要成员不全,如父母死亡、父母离异或分居、父母再婚等;家庭关系紧张,如父母关系、婆媳关系、姑嫂关系、兄弟姐妹关系不和谐,家庭情感气氛冷漠,矛盾冲突频繁等;家庭教育方式不当,如专制粗暴、强迫压服,或溺爱娇惯、放任自流等,以及家庭变迁,出现意外事件等。

2.学校因素

学校是学生学习、生活的主要场所,学生的大部分时间是在学校中度过的。因此,学校生活对学生的身心健康影响极大。学校因素主要有学校教育条件、学习条

件、生活条件,以及师生关系、同伴关系等。这些条件和关系,如果处理不当,就会影响学生的身心健康发展。例如,校风学风不振、学习负担过重、教育方法不当、师生情感对立、同学关系不和谐等,都会使学生的心理产生压抑,精神紧张,焦虑,如不及时调适,就会造成心理失调,导致心理障碍。

3.社会因素

社会因素主要包括政治、经济、文化教育、社会关系等。这些因素对于一个人的生存和发展起着决定作用。其中社会生活中的种种不健康的思想、情感和行为,严重地毒害着学生的心灵。特别在当前,人与人之间的交往日益广泛,各种社会传媒的作用越来越大,生活紧张事件增多,矛盾、冲突、竞争加剧。所有这些现象都会加重学生的心理负担和内心矛盾,影响身心健康。

总之,上述各种因素是相互制约的,对一个人的身心健康往往是综合起作用的。因此,我们在观察、分析和诊断心理失调、心理障碍或心理疾病时,务必充分考虑到各种因素的作用,逐一考查、逐一排除,全面正确地做出判断,采取有效的措施进行调适和治疗。

第三节　怎样对儿童进行心理保健

一、儿童心理保健的措施

(一)家长要不断提升自身的心理健康水平

2013年5月22日,杭州市12岁女孩被父母体罚捆水管上。她的养父母认为女儿向同学借钱,又撒谎,还不认错,就把她绑在家门口消防通道里的水管上"教育",时间长达11个小时……最终,她哭着认错,松了绑,然后,突然倒下,再没醒来。杭州教育科学研究所副所长、特级教师韩似萍认为,有些家长喜欢和孩子较劲,其实也是一种自身情绪宣泄。父母的心理健康也对孩子的教育、心理发展有着重要影响。家庭教育方式和父母的心理健康水平与孩子的身心发展关系密切。因为处在社会中的每一个家庭都存在着多层次、多环节的互动作用。社会结构、意识形态、价值取向都会不同程度地影响到各个家庭系统及其成员。如父母的政治态度、价值观念、宗教信仰、行为态度、期望偏好、心理健康等一方面要受到社会大环境的影响,另一方面又直接对孩子的人格发展施加影响。而下一代的身心发展状态,适应环境的能力,个体发展趋势等反过来又对家庭及社会产生重要的影响。不良互动关系和父母心理健康水平的低下最终会导致青少年的身心障碍。

有的父母情绪不稳定,对待孩子的态度以自己的情绪变化而变化;有的父母心情忧郁,对待孩子的态度也比较冷淡;有的父母有神经质、精神病、人格障碍或神经症倾向,常常感到焦虑、恐惧和不安全,内心常常有矛盾和冲突,人际关系较差,敌对感较高,不能以正确的方式表达自己的情感,缺乏情感交流和沟通的能力,等等。这些不良的心理状况和不健康的行为对孩子都会产生直接的负面影响。而父母对孩子在学习上的不切实际的过高期望,又使得孩子的身心受到极大的压力,从而陷入不良情绪。孩子的不良情绪同样反过来作用于父母并诱发父母对孩子的不良情绪,从而又进一步影响到孩子的心理健康发展。相反,父母的情绪稳定、性格良好、家庭心理气氛和谐,会使孩子开朗活泼、自信乐观、交往能力强。在这种家庭中成长的孩子多是情绪稳定,心理健康的孩子。所以,只有真正提高父母乃至整个家庭成员的心理健康水平,孩子身心的健康成长、发展才有可靠的保证。

(二)家长必须系统了解心理保健的知识与方法

家庭心理健康教育的首要前提,就是家长要掌握心理健康的相关知识和如何实施家庭心理健康教育的技巧,掌握科学的教育方式。第一,家长要了解孩子心理发展的一般规律。个体的心理和生理发展都是一个由低级到高级、由量变到质变的不断发展的过程,表现出一定的阶段性和顺序性。每一个阶段都有其共同的规律和特点,并且有与其他阶段的不同表现和不同需求,在教育过程中遵循发展规

律,既不要超越阶段、操之过急,也不要一味等待,坐失良机。第二,家长要认识到每个孩子都有其个体差异,应尊重孩子。孩子的心理发展的过程并不是按照相等的速度发展的,也不是千篇一律按照同一方式进行的。因此,家长应在了解孩子心理发展一般规律的同时,充分了解自己孩子的实际情况,调整好对孩子的目标期望值和适合自己孩子的教育方法,因材施教。第三,家长要了解家庭心理健康教育的要求和实施方法。作为家长,要明确家庭心理健康教育的两个基本要求和任务:一是创造条件使孩子的心理得到健康而充分的发展;二是要能够及时地发现孩子的心理问题,并懂得如何有效地进行处理,帮助孩子克服心理问题。

此外,家长必须掌握心理健康教育的一般方法。第一,开展家庭心理健康教育的前提是转变观念。在素质教育的今天,必须改变以往那种只看孩子智力水平,忽略心理健康水平、个性发展水平的陈旧观念。现实生活中有一些孩子表面看来好像很听话,学习成绩也不错,但情感淡薄、意志薄弱、性格脆弱,在德智体等方面发展潜力却极为有限。教育实践的大量事实证明:理想、志气、进取心、勤奋等优良的个性品质,对于促进孩子的发展和成才具有重要的作用,为人父母者必须把心理健康作为孩子的培养目标和内容加以充分重视,在教育上做到爱而不宠,严而有度。

第二,开展家庭心理健康教育的基础是了解孩子。家长必须了解孩子的个性、理想、情感、兴趣和能力等个体素质。一般孩子好活动、好模仿、好奇、好问,还具有喜欢成功、喜欢被称赞、渴望得到理解的心理等。青少年正处在生理、心理快速发展时期,他们在平时的学习、活动中,其内心深处常常充满各种矛盾。他们与外界也常常发生各种冲突,处于不稳定状态,往往容易产生各种心理行为问题。这是家庭教育中要特别引起重视的问题。

第三,开展家庭心理健康教育的关键是信任孩子。父母同子女的关系,既是长辈和晚辈的关系,又是朋友关系。子女对父母应当尊敬、体谅、爱惜;父母对子女更应当尊重、信任、爱护、帮助。在日常生活中父母同子女之间意见不统一或产生矛盾时,应在平等、信任的基础上,采用民主协商的方法,并循循善诱,耐心启发,动之以情,晓之以理。平时,多尊重孩子的人格,信任他们,关心他们的日常活动,尽可能满足他们的正当愿望和要求,使他们真正感到父母可亲、可爱、可以信赖。这样,使孩子愿意把自己的心里话、心里的秘密讲给父母听,才能取得孩子的最大信任。同时,家长要充分相信孩子的潜能,他们或许有意想不到的为人处世等方面的能力。因此,凡孩子的事,无论生活上、学习上,父母都应当给予更多的启发性帮助。

第四,开展家庭心理健康教育的过程中,一定要避免对孩子长期的心理惩罚。孩子缺乏生活经验,偶尔做错一件事,父母就天天骂或时常提及此事,长时间表示拒绝,就会使孩子情绪异常忧郁,甚至延续到成年。有的问题孩子本身就有情绪上的障碍,如果家长自身容易冲动,就会更加严重。更不要在学习上、升学上对孩子施加压力,把孩子的成绩作为评价孩子的主要标准,久而久之,使孩子产生厌恶学习、憎恶考试等心理障碍。

(三)家长必须系统掌握心理保健的一般技巧

1.情感投资——让孩子天天快乐

轻松愉快的情绪能使孩子顺利地进行各种活动,父母应使孩子经常处于一种兴高采烈的状态。儿童情绪的发展具有易受感染性的特点,为使孩子拥有良好的情绪体验,父母要做到:为孩子树立模仿的榜样,时时处处以自己乐观向上的情绪去感染孩子。父母之间要建立和谐、默契的关系,以便对孩子产生潜移默化的影响,"孩子的脸是父母之间关系的晴雨表",说的就是这个道理。

要对孩子进行情感投资。美国精神病专家坎贝尔提出,要使孩子心理健康,父母要作相应的"精神投资"。深情地注视孩子,和孩子进行温馨的身体接触,一心一意地关心孩子。要对孩子宽严并济。父母既不能为了赢得孩子的开心和笑容,就对孩子的缺点、错误熟视无睹、听之任之,不合理的要求也予以满足;也不能苛求孩子,把孩子与同伴进行横向比较,甚至拿孩子的短处去比同伴的长处,要注意纵向比较,一旦发现孩子的闪光处和点滴进步,要及时加以表扬。

2.以礼相待——让孩子感到父母可亲可敬

家庭内部民主平等的人际关系是孩子心理健康的"维生素"。调查表明,民主协商型父母与独断专制型父母相比,前者培养出来的孩子更通情达理,受同伴欢迎,能与人友好相处,乐于助人。为了构建良好的亲子关系,父母要做的是:首先,尊重孩子,认识到孩子也是一个独立的人,有自己的情感和需要。放下做家长的架子,蹲下身来与孩子讲话,以减少"威严感",使孩子觉得父母和自己是平等的。其次,父母要礼待孩子,对孩子讲文明礼貌,不打骂孩子。无论孩子做了什么好事或有什么成绩,父母都要表示祝贺,绝不吝啬赞赏。最后,当父母意识到自己对孩子可能讲错了话、做错了事之后,要勇于向孩子承认错误并及时道歉,这不但不会降低自己在孩子心目中的威信,反而会使孩子感到父母更加可亲可敬。

3.循循善诱——让孩子认识自我

孩子是否能正确地认识自己、估价自己的能力,是其心理健康的一项重要指标。为了帮助孩子形成良好的自我意象,发展孩子的自尊心,提高孩子的自我意识水平,父母应使孩子认识到世界上只有一个"我"。"我"是独特的,有动听的名字、短短的黑发、小小的嘴巴、大大的眼睛;"我"很能干,能用自己的双手吃饭、穿衣、剪纸、绘画、弹琴,能用自己的双脚行走、奔跑、跳跃、攀登,能用自己的鼻子闻出多种不同的味道,能用自己的耳朵听出各种奇妙的声音。"我"有许多优点,当然也有一些缺点,不过,经过努力,"我"能改正自己的缺点,做个好孩子。

为此,父母可采用各种形式来进行:鼓励孩子在镜子前照一照,看看自己的五官长得怎么样、身材如何;启发孩子通过不同的手段,绘出自己的形象,比如躺在地上,请父母帮忙描出身体的轮廓,然后自己进行剪贴,也可自己画自画像;引导孩子对自己的照片、作品进行分类、整理,按日期前后进行排列,或按照内容进行编排,建立一个较为完整的成长档案;把各种折纸作品收集起来装订成册,使孩子能经常翻阅、观赏,为自己的进步感到骄傲和自豪。

二、家长应对孩子心理困惑的方法

儿童心理还处于不成熟时期,有很强的可塑造性,同时也具有不确定性。在儿童成长过程中,存在大量的心理困惑,有些困惑能够被儿童自身正确理解并得到解决,但仍有许多困惑是他们无法理解和难以克服的。家长如果不能正确处理,这些困惑将成为孩子健康成长的隐患,甚至将导致严重的心理疾病。

(一)正视孩子的心理困惑

发现孩子有心理困惑,不要采取斥责打骂的方式。要弄清楚孩子抑郁或焦虑的是什么,为什么忤逆大人,让他把心里话说出来,了解他真实的想法,再择机提出一些处理办法或意见供其参考。

当孩子面临压力时,行为方面常表现为爱说假话、爱打人,故意损坏东西;情绪上常表现为爱哭闹、不讲理,常常感到害怕而纠缠着大人,睡眠不稳,夜惊(从睡梦中突然惊醒甚至坐起),梦魇以至梦游等;身体反应是经常持续(用力)眨眼睛、咬指甲、挖鼻孔,面部或四肢肌肉抽动等;精神反应则表现为注意力不能集中,爱忘事,爱胡思乱想,说话含糊不着边际等。

发现孩子出现某些上述反应时,家长应多与孩子接触和交流,帮助孩子自然地解除压力。比如,可给孩子纸笔,让他随心所欲地画;给孩子一个故事开头,让他续编故事;让孩子提出游戏的内容和玩法,和孩子一起玩;当孩子从梦中惊醒时,安慰他之后,让他说一说都梦见了什么。而且当孩子叙述时,不要随意打断,也不要提建议或下结论。这些活动,可以使家长比较清楚地了解孩子的内心感受,了解使孩子感到压力的原因,从而帮助孩子减轻或解除压力。如果家长的疏导仍不能有效地解除孩子的压力,就应寻求专家或心理医生的帮助,尽量使孩子的异常反应得到及早纠正,消除其对孩子身心发展的负面影响。

(二)家长理性对待孩子的期望

学习成绩以及考学都不是唯一的目标,应该多从爱迪生、爱因斯坦这些伟人的故事中体悟对孩子的教育方法。应该实事求是地给孩子提出目标,多了解和发挥孩子的长项,培养多方面的兴趣。

九岁的女孩婷婷是小学三年级学生。数学课上,老师发现一向专心的婷婷,好像

有点心不在焉,便关切地问她是不是不舒服,婷婷摇头。可两节课还没上完,婷婷便喊肚子痛,她弯着腰捂着肚子,痛得眼泪都流出来了。老师急忙把她送到校医室。校医处理后,过了一会儿,婷婷便说不痛了。婷婷爸妈觉得,小孩子偶尔闹一下肚子痛也是正常的,没什么大事,也就没在意。可接下来,婷婷又出现了几次这样的肚子痛。检查做了不少,根源仍没找到,也没有一个医生可以让婷婷的病不再复发。婷婷爸妈一筹莫展,寝食难安。再次看病时,有位医生提出可能是心理问题。

原来,婷婷的发病事出有因。就在她头次发病的那天,婷婷听到同学在小声交谈,说班里前几天转学来的女生肖莉,学习成绩特好,以前总拿第一名。还说这次考试,不知道婷婷跟肖莉谁会拿到第一名……要知道婷婷多么想再考一次第一啊,爸爸妈妈一直想让她拿三连冠的。如果考不了第一名,同学肯定会笑话她,老师会不再宠她,爸妈会失望……想啊想的,婷婷觉得不用考试就好了,那样就分不出到底谁考得好了,她就是永远的第一了。所以,在老师的不良暗示下,婷婷出现了肚子痛。后来到各个医院就诊,每个医生都会问婷婷,有没有感到恶心,有没有拉肚子等,这些对婷婷无疑都是一种暗示,再加上父母的过分关心,以及婷婷的自我暗示,使得症状变化多端且复杂化。

家长平时要多与孩子沟通,特别是对学龄期儿童。在当代以应试教育主的模式下,家长不要过分强调名次。培养孩子良好的竞争意识,帮助孩子树立健康的心理。

(三)家长应鼓励孩子参与家庭生活

既让孩子们了解家长持家的不易,产生对家人的感情,也让他们对生活本身有更多的认识,学会自身克服困难的方法技巧,培养自己的毅力。别怕孩子会吃苦遭罪,否则就是剥夺孩子学习成长的机会。

家长和老师也应不断注意自身修养,关爱自己的心理健康。自己心态不平和,情绪不稳定,就会损害孩子的心理健康。中国古语讲"德为先,才为后",只有先培养孩子的德行,将来才能真正地发挥他们的才能,否则就容易成为社会的祸害。

家长或照看者应对幼儿的心理健康状况进行定期检测和总结,以便有针对性地调整或采取新的培养措施,确保幼儿心理的健康发展。本测试可以检查5~6岁幼儿心理健康,由幼儿的父母、直接照看者或幼儿教师填写,共38个问题项目,请根据您对幼儿的实际观察结果,选择"是"或者"否"。每个问题项目只能做出其中的一种回答。

(1)能两臂侧平举,闭眼转圈吗?

(2)会跳橡皮筋或绳子吗?

(3)能边走边拍球吗?

(4)能自己找材料制作简单的玩具吗?

(5)能根据故事的内容画简单的情节画吗?

(6)别人未答应他的要求时,会想办法说服对方吗?

(7)讲故事时,自己常凭想象编些情节吗?

(8)当被告知不能做某事时,是否关注他人遵守了没有?

(9)经常主动邀同伴玩游戏吗?

(10)进餐时,不乱扔残渣,饭后收拾东西吗?

(11)大便后会自己用纸擦净屁股吗?

(12)助跑屈膝能跳过30~40厘米的高度吗?

(13)玩游戏时常常将同伴分组展开竞赛吗?

(14)能原地纵跃触物吗?

(15)能简单地画出人的不同姿态吗?

(16)能点数目10以内的实物,并说出总数吗?

(17)想去同伴家玩时,常常先主动征求父母的同意吗?

(18)喜欢问图画书中一些文字的意思吗?

(19)会写自己的名字吗?

(20)能看懂钟表上的时间显示吗?

(21)经常把大人说出的词语用到别的语境中去说吗?

(22)经常同他人辩论吗?

(23)两臂平举,能单脚站立5~10秒钟吗?

(24)见到同伴有困难显出关心的样子,并尽力帮助吗?

(25)对他说"向左、向右转"时,知道转吗?

(26)能按照吩咐到他人处取回东西或到商店买东西吗?

(27)会自己整理床铺吗?

(28)会主动同客人打招呼吗?

(29)能和同伴一起用积木或泥沙堆出复杂的模拟物吗?

(30)知道横与竖的区别吗?

(31)可以独自一个人睡觉吗?

(32)会系鞋带吗?

(33)洗澡后会自己擦干身子吗?

(34)能说出自己家的地址吗?

(35)能连贯地讲述图片的内容吗?

(36)能分清昨天、今天、明天是星期几吗?

(37)能够忍受比自己年龄小的人无理取闹吗?

(38)会玩词语接龙游戏吗?

【计分标准】

每个项目选"是"得1分,选"否"得0分。若某一月龄幼儿在两个以上领域未能达标,专家认为家长或教师要采取相应的措施对幼儿进行培养。

不同月龄幼儿在各个领域的达标分数见下表:

领域 计分项目 月龄	动作	认知能力	情感与意志	社会性	生活习惯	语言
	(1)(2)(3)(12)(14)(23)	(4)(5)(7)(9)(13)(15)(16)(18)(21)(25)(29)(30)(36)(39)	(24)(37)	(3)(6)(8)(9)(13)(17)(22)(24)(28)(29)(37)	(10)(11)(17)(26)(27)(31)(32)(33)(34)	(6)(7)(8)(18)(19)(20)(21)(22)(25)(26)(29)(30)(35)(36)(38)
64月	4分	6分	1分	5分	4分	5分
68月	5分	14分	2分	10分	8分	12分
72月	6分	15分	2分	11分	9分	15分

儿童情感的陶冶

ERTONG QINGGAN DE TAOYE

03

从前，有一个小男孩，脾气很是暴躁却不能够控制自己的情绪，每天总是大发脾气，不是和班里的同学吵架，就是和邻居的孩子们打得不可开交，而且他还几次和老师、自己的妈妈、外祖父母顶嘴，大声争辩。父亲为了改变他这种情况，一天拿着一大把铁钉和一把小锤子对他说，杰克，你以后想要发怒的时候就跑到门口的那根粗木桩那里，用这把锤子狠命地砸进去一颗钉子，想发怒一次就钉一颗钉子。小男孩很高兴地接过了钉子和锤子，于是每当他想发怒的时候就跑到家门口的木桩那里，狠命地砸进去一颗铁钉，最多的一天他甚至向木桩里钉进去100颗钉子。每当他没有了钉子就找父亲要，父亲很爽快地就给他了。慢慢地，小男孩对钉钉子感到非常地厌烦。

有一天父亲对他说道，杰克，每当你感到心情不错时就从木桩上取下一颗钉子吧！听完了父亲的话，小男孩就走到木桩那儿取下了一颗钉子，他发现，取出钉子要比钉钉子难多了。可从那一天开始，小男孩每天往大木桩上钉的钉子越来越少了，而取出的钉子越来越多了。终于有一天，他不再向木桩上钉钉子了。那天，父亲热切地表扬了他，小男孩心里喜滋滋的。直到有一天，小男孩把所有的钉子都取出来了。父亲带他来到那根大木桩跟前，对小男孩说道，你知道为什么取钉子比钉钉子难吗？这是因为责备、辱骂一个人是一件很简单的事，可想要重新获得友谊却很难。你再看看这根木桩，虽然你把所有的钉子都取了出来，可你钉钉子留下的伤痕却永远去不掉了，不要轻意伤害你的亲人朋友，因为这种伤害即使再怎么弥补，不论再过多少年，它的伤痕永远也去不掉。

可见，控制情绪、管理情绪对于孩子的成长、成才非常重要。作为家长，我们应该如何培养孩子的积极情绪呢？

第一节 儿童的情绪情感

一、儿童情绪彩虹

(一)情绪像彩虹一样多姿多彩

当我们看到叶诗文夺得奥运冠军时,大家的心情是高兴;2012年,英法出兵利比亚,本该和大家一样享受幸福的童年的利比亚儿童却流离失所,你对英法的行为感到愤怒;你觉得利比亚儿童的感受是怎么样的呢? 恐惧;我和好朋友发生了矛盾,这几天一直不理我,我感到——忧愁。所有这些感受你知道是什么吗? 用一个词来表达——情绪。情绪是指人们在内心活动过程中所产生的心理的体验,或者说,是人们在心理活动中对客观事物的态度体验,是人脑对客观事物与人的需要之间关系的反映。它具有主观体验形式(喜怒哀惧等)、外部表现形式(面部表情、肢体表情)和生理基础(大脑和皮层下的活动)。人既有与生物需要相联系的情绪体验(如,疼痛引起的情绪),又有与社会文化相联系的高级情绪或社会情操(如道德感、审美感等)。

我国古代将人的情绪分为喜、怒、哀、乐、爱、恶、惧七种基本类型。现代心理学一般把情绪分为快乐、愤怒、悲哀、恐惧四种基本类型。人的一切心理活动都带有情绪色彩,情绪的表现形式是多种多样的,根据情绪的强度和持续状况,心理学家把情绪分为心境、激情和应激等三种基本状态。

(二)情绪的基本形式有四种

一般认为,人类最基本的或最原始的情绪包括快乐、愤怒、恐惧和悲哀等几种。如当一个人看见黑暗、猛兽足以引起惧怕。当一个人看见危险而逃跑时,如有人阻拦他的去路,他必发怒、动武;无路可逃则悲哀;如能逃脱危险则快乐。这都是不学

而会的。

快乐。所谓快乐,通常是指盼望的目的达到后继之而来的紧张解除时的情绪体验,是一种追求并达到目的时所产生的满足体验。它是具有正性享乐色调的情绪,具有较高的享乐维和确信维,使人产生超越感、自由感和接纳感。快乐的程度取决于愿望实现、目的达到的意外性(料想不到的程度)。

愤怒。是由于受到干扰而使人不能达到目标时所产生的体验。当人们意识到某些不合理的或充满恶意的因素存在时,愤怒会骤然发生。愤怒往往是由于遇到与愿望相违背或愿望不能达到,并一再受到妨碍情况下产生的,特别是所遇到的挫折是不合理的,或被人恶意地造成时,最容易产生愤怒。

恐惧。是企图摆脱、逃避某种危险情景时所产生的体验。引起恐惧的重要原因是缺乏处理可怕情景或事物的能力与手段。

悲哀。是在失去心爱的对象、所盼望的东西消失或愿望破灭、理想不能实现时所产生的体验。悲哀情绪体验的程度取决于对象、愿望、理想的重要性与价值。悲哀所带来的紧张的释放,就会产生哭泣。

无论是快乐、愤怒、恐惧还是悲哀又都有强度上的不同。譬如,愉快和狂喜之间的区别,愤怒和狂怒之间的区别就属于强度上的区别。在以上四种基本情绪之上,可以派生出众多的复杂情绪,如厌恶、羞耻、悔恨、嫉妒、喜欢、同情等。

(三)情绪的基本状态有三类

情绪状态是指在某种事件或情景影响下,在一定时间内所产生的某种激动或不安的情绪状态。情绪状态在一个人的生活中有着很大的意义。在一般情况下,人的一切心理活动都带有情绪的色彩,而且以不同的强度、速度、持续时间和外部表现体现出来。因此,依据情绪发生的强度、速度、紧张度、持续性等指标,可将情绪分为心境、激情和应激等三种基本情绪状态。

心境。心境是一种比较持久而微弱的、影响人的整个精神活动的情绪状态。它是一种具有感染性的、比较平稳而持久的情绪状态。心境具有弥漫性的特点,它不是关于某一事物的特定的体验,而是以同样的情绪状态体验、对待一切事物。当人处于某种心境时,会以同样的情绪体验看待周围事物。例如,人伤感时,会见花落泪,对月伤怀。再如,一个人在学习、工作劳动中获得某种成就时,他就会产生愉快喜悦的体验,这种体验让他对一切活动的体验都会较长时间地感染上一种满意的和愉快的情绪色彩。

激情。激情是一种爆发快、强烈而短暂的情绪体验。这种情绪状态通常是由对个人生活有重大意义的事件所引起的。如在突如其来的外在刺激作用下,人会产生勃然大怒、暴跳如雷、欣喜若狂等情绪反应。重大成功之后的狂喜,惨遭失败时的绝望,亲人突然死亡引起极度悲痛,突如其来的危险所带来的异常恐惧等,都是激情状态。

应激。应激是指在意外的紧急情况下所产生的适应性反应。当人面临危险或突发事件时,例如,司机在驾驶过程中突然出现危险情景的时刻,人们在遇到巨大的自然灾害或地震发生的时刻,这时需要人迅速地判断情况,在一瞬间就做出决定。同时紧急的情况惊动了整个机体,人的身心会处于高度紧张状态,能很快地改变有机体的激活水平,引发一系列生理反应,使心率、血压、肌肉紧张度发生显著的变化,引起情绪的高度应激化和行动的积极化。如肌肉紧张、心率加快、呼吸变快、血压升高、血糖增高等。在这种情况下,有时会使人做出平时所不能做出的大胆勇敢的行为,例如,当遭遇歹徒抢劫时,人就可能会产生上述的生理反应,从而积聚力量以进行反抗。有时也会使人认识狭窄而很难做出实现符合目的的行动。例如,失火时会猛敲或撞击门(其实应向里面拉或左右拉)。

人的情绪反映着客观事物与人的需要之间的关系。它是人对客观事物符合人的需要与否而产生的特殊的内心体验。

二、儿童情绪情感的功能

(一)信号功能

情绪的信号功能是指在人际交往中,人们除借助言语进行交流之外,还通过情

绪的流露来传递自己的思想和意图。情绪的这种功能是通过表情来实现的。表情具有信号传递作用,属于一种非言语性交际。人们可以凭借一定的表情来传递情绪信息和思想愿望。在社会交往的许多场合,人们之间的思想、愿望、态度、观点,仅靠言语无法充分表达,有时甚至不能言传,只能意会,这时表情就起到了信息交流的作用。其中,面部表情和体态表情更能突破一些距离和场合的限制,发挥独特的沟通作用。

心理学家在对英语国家人们的交往状况进行研究后发现,在日常生活中,55%的信息是靠非言语表情传递的,38%的信息是靠言语表情传递的,只有7%的信息才是靠言语传递的。表情是比言语产生更早的心理现象,在婴儿不会说话之前,主要是靠表情来与他人交流的。表情比语言更具生动性、表现力、神秘性和敏感性。特别是在言语信息暧昧不清时,表情往往具有补充作用,人们可以通过表情准确而微妙地表达自己的思想感情,也可以通过表情去辨认对方的态度和内心世界。所以,表情作为情感交流的一种方式,被视为人际关系的纽带。在许多影视作品中,人们用情绪的表露代替了语言的表达,具有"此时无声胜有声"的效果,更具感染力。

（二）动力功能

情绪具有激励作用。情绪能够以一种与生理性动机或社会性动机相同的方式激发和引导行为。有时我们会努力去做某件事,只因为这件事能够给我们带来愉快与喜悦。从情绪的动力性特征看,情绪分为积极增力的情绪和消极减力的情绪。快乐、热爱、自信等积极增力的情绪会提高人们的活动能力,而恐惧、痛苦、自卑等消极减力的情绪则会降低人们活动的积极性。有些情绪同时兼具增力和减力两种动力性质,如悲痛可以使人消沉,也可以使人化悲痛为力量。

个体的情绪表现还常被视为动机的重要指标。由于情绪可能与动机引发的行为同时出现,情绪的表达能够直接反映个体内在动机的强度与方向,因此情绪也被视为动机潜力分析的指标,即对动机的认识可以通过对情绪的辨别与分析来实现。

潜力是在具有挑战性的环境下所表现出的行为变化能力。当个体面对一个危险的情境时,动机潜力会发生作用,促使个体做出应激的行为。对动机潜力的分析可以由对情绪的分析获得。当面对应激场面时,个体的情绪会发生生理的、体验的以及行为的三方面的变化,这些变化会告诉我们个体在应激场合动机潜力的方向和强度。当面临危险时,有的人头脑清晰,沉着冷静地离开;而有些人则惊慌失措,浑身发抖,不能有效地逃离现场。这些情绪指标可以反映出人们动机潜能的个体差异。

(三)健康功能

美国生理学家爱尔马为了研究心理状态对人体健康的影响,曾进行过一项实验。实验的结果表明:当一个人心平气和时,他呼出的气变成水后是澄清透明、无杂无色的;而悲恸时,水中有白色沉淀;悔恨时,有蛋白色沉淀;生气时,有紫色沉淀。随后,爱尔马将人在生气时呼出的"生气水"注射到大白鼠身上,几分钟后,大白鼠竟然死了。据此分析,爱尔马认识到:人生气时会分泌出毒素。生气10分钟所消耗的人体精力,相当于一次3000米的赛跑。

人对社会的适应是通过调节情绪来进行的,情绪调控的好坏会直接影响到身心健康。作为心理因素的一个重要方面,情绪同身体健康的关系早已受到人们的关注。情绪对健康的影响作用是众所周知的。积极的情绪有助于身心健康,消极的情绪会引起人的各种疾病。我国古代医书《内经》中就有"怒伤肝,喜伤心,思伤脾,忧伤肺,恐伤肾"的记载。有许多心因性疾病与人的情绪失调有关,例如溃疡、偏头痛、高血压、哮喘、月经失调等。有些人患癌症也与长期心情压抑有关。一项长达30年的关于情绪与健康关系的追踪研究发现,年轻时性情压抑、焦虑和愤怒的人患结核病、心脏病和癌症的比例是性情沉稳的人的4倍。

美国心脏病学会将易患上心脏病的人群定义为A型性格人群,认为这类人群的特征是生活压力过大,自我要求过高,性情暴躁,易发脾气。一些临床医学研究也证明,长期受不良情绪困扰,会导致各种身心疾病。因此,对不良情绪进行控制、

引导,代之以积极乐观的情绪,不但能提高生活质量,也能有效地防治身体疾病。所以,积极而正常的情绪体验是保持心理平衡与身体健康的条件。曾经有人说过,一个小丑进城胜过一打医生,这句话非常形象地说明了情绪对人身体健康的影响。

第二节　儿童良好情感的陶冶

一、怎样培养儿童的积极情感

(一)积极情感对儿童心理发展有着重要影响

情绪是一个人对所接触到的世界和人的态度以及相应的行为反应。人的情绪生活是丰富多彩的,人活着,就总免不了体验快乐、激动、悲伤、恐惧、愤怒、害怕、担心等感觉。对于幼儿来说,情绪体验更是无处不在。正如发展心理学家所说:"幼儿的世界就是一个情绪的世界。"不同的情绪对人的身心健康、生活、学习都有着不同的作用。喜悦、轻松、愉快等情绪体现了健康的心理状态,人们称之为"积极情绪或良好情绪",它对幼儿的成长发育有着积极的意义。

首先,积极的情绪能促进幼儿的身心健康。有研究表明:情绪的体验是由皮下中枢的神经兴奋以及在植物性神经系统中所产生的生理过程决定的。皮下中枢对大脑两侧半球皮层也发生积极的影响,它是大脑两半球力量的源泉。情绪过程在人的有机体中能引起呼吸器官、消化器官、心脏等一系列变化。因此积极的情绪不仅对人的健康产生良好的影响,而且,也有利于中枢神经系统的形成和完善。

其次,积极的情绪能促进幼儿智能的发展。心理学家曾用实验证明:对学生来说,由于受到表扬而引起喜悦、快乐、得意等积极情绪,可以促进其智力的发展。在幼儿园里我们可以发现,在音乐、美术、语言、科学等方面学习效果好、能力发展较快的幼儿均为受教师表扬鼓励较多的幼儿。如果幼儿对活动充满了积极的情绪,

具有旺盛的求知欲、充满了兴趣,他便会形成探究环境的动机,并且努力去认识事物,解决问题。这样,智力也就不断地得到了促进和发展。由此可见,积极的情绪是幼儿智力发展的催化剂。

第三,积极的情绪有利于形成良好的性格。幼儿的情感包括一系列基本的情绪体验,如:快乐、痛苦、惧怕、害羞、悲伤等。但是,每一个幼儿在活动中表现出的情绪体验受主客观条件的影响,与他们各自的神经类型、经验特点以及具体的情境刺激有关。一种情感与某种具体的情境和特定的认知反复地结合,便可形成幼儿情感的某种倾向性,这种倾向性便反映出幼儿情感的个别化。情感的个别化对幼儿将来的个性的形成起着极其重要的作用。有心理学家认为,各个儿童早期情感上的经历对儿童日后的影响将是长期的。因此,积极的情绪对幼儿良好性格的形成与发展起着重要的作用。

(二)培养孩子积极情感的方法

1.帮助孩子树立正确的人生观、价值观和世界观

一个人的情绪和情感是受他的人生观、价值观和世界观的影响和支配的。只有树立正确的人生观、价值观和世界观才能有健康的情感,高尚的情操,以及对学习、工作的热情。家长应注意引导孩子把自己的学习同人民的幸福、民族的振兴、国家的兴旺联系起来,树立正确的人生观、价值观和世界观。周恩来总理在少年时就曾立下"为中华之崛起而读书"的雄心壮志,埋头苦读。

2.进行丰富多样的情境教育

俗话说"触景生情",人的情感是在一定的情境中产生的。家长可以带孩子出去旅游参观,让他们感受祖国大好河山的雄伟气魄,对中华民族悠久的历史、灿烂的文化产生无比的自豪感,对社会主义祖国的前景充满信心,并以此来激发孩子为建设伟大祖国而努力学习的热情和决心。

3.创设良好的学习生活环境

家长首先要与孩子进行良好的情感沟通,营造一种情感融洽、气氛适宜的家庭

氛围,使孩子心情舒畅,情绪高涨,这样会使他们产生对学习的渴求和探索的热情。其次,家长应对孩子有适当而合理的期望,这会促使孩子向好的方向发展。传说,皮格马利翁是一个希腊神话中的国王,擅长雕刻。有一次,他用象牙雕刻一个美丽的姑娘,在雕刻的过程中,由于他倾注自己全部的心血来塑造姑娘的形象,后来对自己塑造的雕像产生了深厚的感情。这一行为最终感动了上帝,上帝赋予这个雕像以生命,雕像活了,美丽的姑娘也成了他的妻子。但是家长要注意过高或过低的期望则会对孩子产生消极的影响。此外,家长还要帮助孩子同老师和同学建立良好的人际关系,这有助于孩子的心理健康,提高孩子的学习热情和积极性。

4.帮助孩子消除不良情绪

在现实生活中,各种不良的情绪,如焦虑、过于自负等不仅影响孩子的正常学习,还会影响孩子的身心健康。中科院心理研究所王极盛教授的研究结果表明,心理健康与学习成绩是成正比的。心理健康水平越高,学习成绩也越好。家长想要消除孩子的不良情绪、保护孩子的心理健康,首先要关心和爱护孩子,使孩子感到无限的温暖,在精神上受到极大的鼓舞,从而能够保持乐观愉快的情绪和健康的心理状态去学习。其次,要给孩子创造成功的机会。成功的情绪体验,不仅能克服自卑感,增强自信,还可以减少孩子的不良情绪。最后,家长要培养孩子广阔的胸怀。初中生的情绪极其不稳定,而且还带有明显的两极性的特点。他们时而兴高采烈,时而垂头丧气;时而激动不已,时而消极悲观。家长要引导他们养成有涵养和自律的品质,做到活泼开朗、谦虚谨慎,学会用理智去控制和驾驭自己的感情。

二、怎样培养儿童的同情心

同情心是指能在一定程度上感知和理解他人的感受并且愿意给予一定帮助的心理,这是许多良好品质的基础,包括善良、尊重、诚实、责任感、独立等。要做一个有道德的人,首先要具备同情心,这是能够进行一种积极的社会行为的关键因素,也是人与人之间所有关系的基础。那些在成长过程中缺乏同情心培养的孩子长大后一般表现得以自我为中心、麻木不仁以及自恋。在当今世界上,这样的人已经不

在少数,我们不需要更多了。①

(一)让孩子知道不要给朋友乱扣帽子

严禁扣帽子。同情心往往从分辨一件事是否可以接受开始。一个小家伙如果喊人家"猪脑袋",父母应该立即处罚他,并告诫他说:"我知道你也清楚那个词是不可接受的。"要经常跟他解释,与人为善是生活准则之一。当他与别人陷入口角时,要告诉他:"你不必强迫自己喜欢那个人,但每个人都必须做个好人。"

适当惩罚。如果孩子不能遵守"做个好人"的要求,就该让他们明白其后果,比如不给他买最想要的玩具。一个3岁孩子的抽象思维能力是很弱的,因此他还不会明白"做个好人"意味着要做道德上正确的事,因此你应该努力帮他压制住这种不当的冲动。

诠释和善。当你碰到孩子要为朋友提供帮助时,要及时肯定他的行为,可以赞扬他说:"你是一个非常称职的朋友!"长此以往,他就会明白,做个对别人有帮助的朋友、姐姐、邻居是很重要的一件事。

细心周到。用一年的时间,培养孩子逢年过节给朋友和亲戚送贺卡的习惯。当然对于一个小孩来说,要求他写多少祝福的话还不太现实,父母可以鼓励孩子画一幅画代替。

(二)让孩子把礼貌当成习惯

如果你希望自己的孩子富有同情心,能体贴别人,那么作为父母的你就也得是个富有同情心、能体贴别人的人。此外,你还要制定出规则,让孩子们明白自己的哪些举止(包括不当举止)可能会影响到别人。然后,严格监督这些规则的执行,即便他们过生日也不能破例。

在平时的举止中,最重要的就是礼貌,它是我们表达同情心的方法之一。对于一个咿呀学语的小孩来说,父母应尽力让礼貌变成其生活习惯的一部分。

多让孩子说"谢谢"。比如,当遇到装运垃圾的大卡车时,家长可以借助垃圾

---

① 周文渊,编译:如何培养有同情心的孩子,《生命时报》,2007-04-03,第14版。

的形成告诉孩子人与人是如何被联系在一起的:农民种植粮食,我们消费粮食后排泄废物,垃圾清理工再把这些废物收集到一块。所以,垃圾清理工和其他人一样,是应该被尊重的。然后告诉孩子,在外面看到垃圾清理工时,应该对他们说声"谢谢"。

家长不妨多说"对不起"。如果你曾经对孩子发过脾气,就应该向他们道歉。父母都会犯错,关键是犯错之后怎么做。要记住,无论大人做什么,孩子们都会有样学样。所以即便是他的妈妈,犯错了也该坦率承认,说声"对不起"。

动作轻柔些。有时候孩子急着表达友好之情,反而会粗暴地去抓别人的手。遇到这种情况,父母可以示范另一种表达方式。已经育有两个小孩的母亲金波利·马松说,你应该告诉孩子,"要温柔一些",然后,抓着他的手用动作来教会他们,多大劲儿地触摸,才称得上"温柔"。

说话语调温柔些。父母对别人展现的亲切善良,对孩子是一种道德榜样。"你表现出的温暖和细心,全在于说话的语调。"幼儿园园长埃米莉·米哈奇克说:"比如,孩子的朋友正在哭闹,我会说:'拥抱一下可能对他有用。'"由于孩子的记忆很难持久,因此父母需要将这种"课程"多次重复。

(三)让孩子明白帮别人就是帮自己

随着认知能力的提高和独立意识的增强,学龄前儿童其实已经准备好参加各种活动了,这时父母要向他们展示如何去做。

分派家务。帮助别人的习惯应从做家务开始。孩子喜欢展示自己的能力,因此分配一些他们力所能及的家务,比如布置餐桌等。父母可以制作一个进度表,让孩子知道自己每天需要完成的家务。当孩子问为什么自己要做家务时,家长可以回答说,"我们都是家庭成员,帮助家里做事,其实是在帮助自己"。

帮助邻居。卡伦·塞姆普有 4 个孩子,最小的才 2 岁。可当邻居搬走后,4 个小家伙都主动承担起照顾邻居家猫狗的任务。无论天气好坏,他们都风雨无阻、乐此不疲。塞姆普自豪地说,孩子们做的这些会帮助他们记住那条"黄金准则":你

需要像爱自己一样爱你的邻居,即使你不是特别喜欢那样做。

小额慈善。孩子们通常喜欢自己做点贡献,因此要让他们参与力所能及的慈善活动。"每个星期,小孩都会数数自己手里攒了多少钱。"芝加哥犹太儿童早期教育中心主任南希·曼尼维斯说,这些钱可以捐出来做慈善活动,或者为贫困的儿童买点东西。而后,家长可以提一些简单的问题,比如,"我们要怎么帮助这些贫困的人?"或者问问他,如果有 5 个一毛钱的硬币,他愿意拿出多少个捐给慈善机构或放到存钱罐里去。

巧用故事。和孩子一块读书也许是一种比较自然的方法。比如,安·莫里斯所著的《房屋与家庭》里就有全世界各式各样的房屋照片,这本书能够告诉孩子们别国的风土人情,同时也能告诉他们,在别的国家,人们在生活中追求着类似的事情:安全感、被人喜欢、学习知识、享有乐趣。

称赞英雄。虽然救火车的警笛声会让孩子感到忧虑,但灾难事件出现时,在尽可能避开那些血腥图片的同时,应该让他们关注一下在现场救援的消防员、急救人员以及志愿者。

（四）让孩子学会设身处地为他人着想

交流感受。随着脑子里词汇量的增加,一个 6 岁大的儿童就能与人交流感受了,所以跟孩子们讨论书里的角色、主人公的动机是帮助他们设身处地为别人着想的有效方法之一。比如问一问:"你认为女巫为什么会嫉妒白雪公主?"

小心媒体。如果电视上的角色互相攻击叫骂,家长就应该立刻把电视关掉。因为孩子们不光是在看电视,他们也会在潜移默化中接受电视里的内容。最重要的是,他们不会辨别个中真伪,所以对于这些细节一定要小心。

三、怎样培养儿童的责任感

责任心不是先天遗传的,是靠社会的后天培养和教育而逐步形成的。这个培育过程自婴儿时期起直至终其一生。孩子从迈进小学直至青春期,这是一步步离开父母的庇护而走向自主自立的阶段,社会心理学称之为具体操作与形式操作的时期。这期间的孩子智力因素和非智力因素都在迅猛地发展着,他们已开始独立地自觉地去思考,开始对个人的、职业的、性别的和思想意识的义务和责任进行一系列有限的选择,这个阶段是对孩子进行品行培养的最重要阶段,也是培养责任意识的最重要阶段。

(一)父母应为孩子做表率

父母是孩子社会行为习得的楷模。宋代思想家张载曾说:"勿谓小儿无记性,所历事皆不能忘。"父母在家庭生活中所表现的责任感的强弱,是孩子最先获得的责任感体验。父母对孩子的影响不仅是深刻的,而且是终身的。

对任何人来说,能做好的事而不去做,那是缺乏责任感;同样,对于尽自己的全力做不到的事而硬要去负责,则是滥用责任感。家长要经常反省自己,随时随地对自己的言行负责。如果家长经常对人夸海口,不去履行自己的诺言,时间长了,孩子也会悄悄模仿,想怎么说就怎么说,对自己说的话不承担责任。因此,家长一定要加强自身的修养,要做一个有责任感的人,这也有利于孩子的健康成长。

(二)培养孩子的独立性

一个没有独立性的人是不会有良好的责任感的。作为家长,要相信孩子有能力做好他想做的事。平时,可以多给孩子一些处理事情的机会:如洗自己的手绢、袜子;自己洗漱;自己收拾玩具,适当让孩子做一些家务活,这可以让孩子意识到他在家庭中的身份,使他在这个过程中形成自己对家庭的责任意识。随着孩子年龄的增长,独立生活、独立思考、独立做事的能力会逐渐增强,对独立的要求也越来越强烈,他的责任意识也会随着独立性的增强而增强。

(三)注意培养孩子的兴趣

培养孩子的责任感,家长要注意做到:一要同培养孩子做事的兴趣结合起来;二要与孩子的能力发展统一起来;三要信任孩子、指导孩子、帮助孩子(不是代替),让孩子在生活中感觉到自己是独立的,是自主的。自主首先是承担责任,随着孩子自主性的增强,其责任感也会越来越强。

（四）鼓励孩子参与社交活动

社会责任感的有无和大小是一个人能否取得他人和社会承认的重要因素。安排孩子适当从事一些力所能及的社会工作，比如帮邻居送信、照看邻居的小弟弟小妹妹、陪爷爷奶奶说说话等，一方面可以使孩子在帮助他人的同时，获得他人及社会对他的肯定；另一方面也可以使孩子感受到自己所做工作的价值和意义，并从中得到乐趣，从而逐步建立起对社会的责任心。

一个人的责任感往往是在与人的交往中形成和得到巩固的。同时，在交往中学习为所做的选择承担责任，这是每个人都必须经历的过程。有责任感的父母所要做的，就是教给孩子积极参与社会生活的方法（接纳社会，也被社会接纳），只有这样，孩子才能有所发展。

第三节　儿童情绪的调控

一、让儿童学会恰当排解不良情绪

（一）适度宣泄

过分压抑只会使消极情绪加重，而适度宣泄则可以把不良情绪释放出来，因此，遇有不良情绪时，要学会将自己的忧伤、痛苦用适当的方式发泄出来。"一份快乐，两个人分享，就变成了两份快乐；一个痛苦，两个人承担，就变成了半个痛苦。"有了不良情绪可以向老师或父母倾诉，也可以和最要好的朋友谈心，诉说委屈、发发牢骚；如果你实在不愿意向别人倾诉，也可以采用写日记、写信等方式自我宣泄。再有，可以找一个没有人的地方，将自己心中的苦水大声地、彻底地哭出来；或者找一个没有人的地方，将自己想说的话，大声地叫喊出来。必须指出，在采取宣泄法来调节自己的不良情绪时，必须增强自制力，不要随便发泄不满或者不愉快的情绪,要采取正确的方式,选择适当的场合和对象,以免引起意想不到的不良后果。

（二）转移

不愉快时,不要再去想那些让你苦恼、烦闷的事,应多从好的积极方面着想,将注意力转移到你感兴趣的活动中。例如看看幽默的短剧、电影、电视,读读书,打打球,下盘棋,找朋友聊天,去公园散步,换换环境等不仅可以使郁积的怒气和其他不愉快的情绪得到发泄,还可以丰富你的精神生活,开阔你的胸襟,也可以想想那些曾经幸福、高兴的事使自己快乐起来。

值得注意的是,转移有两种不同的性质,一种是积极性质的合理转移,另一种是消极性质的不合理转移。积极性质的合理转移有,改变环境、旅游、散步、听音乐、看自己喜爱的电影、购物、从事自己喜爱的体育和娱乐活动等。消极性质的不合理转移有毁物、报复等,如有的同学遇到不顺心的事就摔瓶子,摔桌椅板凳,砸玻璃。另外,将消极情绪转移到与导致当事人消极情绪无关的弱势个体或群体身上也是不合理转移的方式。

（三）升华

升华是在产生消极情绪之后,重新认识自我,并重新塑造自我的一种高层次的情感转移,当事人将产生消极情绪的事由放置一边,将自己的全部精力倾注于一件非常有意义的事情。如努力学习等,以便自己忘掉痛苦和不快,为自己开辟一条更加有意义的生活路径。

（四）学会放松

在赛场、考场或其他场所,过分紧张、烦恼、惧怕时,可采用深呼吸的方法。如,反复默念:我现在放松了,我的全身处于自然而然的轻松状态,我完全可以正常发挥自己的能力……还可用胜利者的形象鼓舞自己,并回忆过去成功的体验。

（五）学会安慰自己

当一个人某种需要得不到满足时,为了减少内心的失望,为失败找一个冠冕堂皇的理由,用以安慰自己,就像狐狸吃不到葡萄说葡萄酸的童话一样,所以称作"酸

葡萄心理"。与此相反的是"甜柠檬心理",即用各种理由强调自己所有的东西都是好的,以此冲淡内心的不安与痛苦。这种"自欺欺人"的方法,偶尔用一下作为缓解情绪的权宜之计,对于帮助人们在极大的挫折面前接受现实,接受自己,避免精神崩溃不无益处。但用得过多,成为个人的主要防御手段,则是一种病态,会妨碍自己去追求真正需要的东西。

(六)学会幽默

幽默感是一种特殊的情绪表现,也是人们适应环境的工具。具有幽默感,可使人们对生活持积极乐观的态度。许多看来令人烦恼厌恶的事物,用幽默的办法对付,往往使人们的不快情绪荡然无存,立即变得轻松起来。据说,古希腊的智慧大师苏格拉底的夫人是个恶婆。有一次,苏格拉底正在与他的学生讨论问题,他的夫人很不耐烦,先是大声地叫骂,后又将一盆水泼了过来。苏格拉底的学生们都感觉很尴尬,不知如何是好。苏格拉底却幽默地说,"雷鸣电闪之后,必是倾盆大雨"。于是大家转忧为乐。

(七)积极的心理暗示

暗示是一种常见的心理活动,它可以通过自我的意念或他人的言语来调节人的情绪和心境。自我暗示分消极自我暗示与积极自我暗示。积极自我暗示,在不知不觉之中对自己的意志、心理以至生理状态产生影响,积极的自我暗示令我们保持好的心情、乐观的情绪、自信心,从而调动人的内在因素,发挥主观能动性。美国心理学家霍特举过一个例子:"有一天,友人弗雷德感到意气消沉。他通常应付情绪低落的办法是避不见人,直到这种心情消散为止。但这天他要和上司举行重要会议,所以决定装出一副快乐的表情。他在会议上笑容可掬,谈笑风生,装成心情愉快而又和蔼可亲的样子。令他惊奇的是,不久他发现自己果真不再抑郁不振了。"弗雷德并不知道,他无意中采用了积极的心理暗示——暗示自己有某种心情,往往能帮助他们真的获得这种感受——在困境中有自信心,在不如意时较为快乐。

心理学的实验表明,当个人静坐时,默默地说"我很生气""勃然大怒""暴跳如

雷"等语句时心跳会加剧,呼吸也会加快,仿佛真的发起怒来。相反,如果默念"开心""愉快""喜笑颜开""兴高采烈"之类的语句,那么他的心里面也会产生一种乐滋滋的体验。由此可见,言语活动既能唤起人们愉快的体验,也能唤起不愉快的体验;既能引起某种情绪反应,也能抑制某种情绪反应。当我们遇到消极情绪时,可以充分利用语言的暗示作用来调适和放松心理的紧张状态,使不良情绪得到缓解,比如默想或用笔在纸上写出下列词语:"冷静""三思而后行""制怒""镇定"等。

二、家长如何积极引导孩子的情绪

"我们不能左右风的方向,但能够调整风帆。"生活中,我们不能左右事件的出现或发展,但是能够调整我们的思维方式,培养积极的心态。具有积极心态的人,总是相信从内心爆发出来的自我积极力量,积极的心态是推动人生前进的动力。如何培养自己的积极心态呢?

(一)采用积极思维方式

积极思维会导致积极的心态,成功者无一不是积极思维者。积极思维者常具有如下特征:(1)即使是在最艰难的时刻都能鼓励自己;(2)并且会尽量将自己的积极情绪感染周围的同伴;(3)永远积极乐观、从不抱怨;(4)总是积极地寻求解决问题的方法,因此他总能让希望之火重新点燃;(5)从不自我设限,因而能激发自身无限的潜能;(6)整天都生活在正面情绪当中,时刻都在享受人生的乐趣。

消极思维者对事物永远都会找到消极的解释,并且总能为自己找到抱怨的借口,最终得到了消极的结果。接下来,消极的结果又会逆向强化他消极的情绪,从而又使他成为更加消极的思维者。消极思维者的特征一般包括:(1)总是在关键时刻怀疑自己,散布疑云;(2)会尽量将自己的消极情绪传染给他人;(3)永远悲观失望,抱怨他人与环境;(4)因为自己行为消极,最终会让仅有的希望彻底泯灭;(5)常常自我设限,让自己本身无限的潜能无法发挥;(6)整天生活在负面情绪当中,使他不能享受人生固有的乐趣。

(二)培养乐观精神,运用积极的语言暗示

永远也不要消极地认为什么事是不可能的。首先你要认为你能行,再去尝试、再尝试,最后你发现你确实正确。积极的语言暗示是不固定的,只要是能激励我们积极思考、积极行动的词语,都可作为积极的语言暗示。比如今天你忙了一天,终于把事情做完了,不要说:"我累死了。"而应从正面说:"紧张了一天,现在真轻松。"遇到困难的事情,不要说:"我不行。"而应说:"我经过努力一定能行。"

(三)注意发现人和事物的闪光点

任何人都有优点和缺点,任何事物都有正面和反面,任何一个社会都有好事和坏事,就像我们这个世界有白天和黑夜一样,因此在生活中注意称赞别人的优点,注意欣赏事物的美丽,而不是抱怨别人的不好或环境的恶劣,不是总是盯着别人的缺点和事物的阴暗面,心态自然就会积极起来。拿破仑·希尔曾说:"如果你常流泪,你就看不见星光。对人生对大自然的一切美好的东西,我们要心存感激,那样人生就会显得美好许多。"

(四)学会称赞

心理学家威廉姆·杰尔士说过:"人生最深切的需求就是渴望别人的欣赏。"在人与人的交往中,适当地赞美对方,会增强这种和谐、温暖和美好的感情。在生活和工作中,以鼓励代替批评,以真诚的赞美来启迪人们内在的动力,自觉地克服缺点,弥补不足,这会比你责怪、埋怨有效得多。这样将会使人们都怀着一种积极的心态,创造出一种和谐的气氛,而有利于生活的幸福和事业的成功。

(五)学会微笑

微笑是一种含意深远的身体语言,微笑意味着"你好,朋友! 我喜欢你,我愿意见到你,和你在一起我感到愉快。"微笑可以鼓励对方的信心,可以融化彼此之间的陌生和隔阂。当然,这种微笑必须是真诚的,发自内心的。正如英国谚语所说:"一副好的面孔就是一封介绍信。"如果我们想要发展良好的人际关系,建立积极的心态,那么我们就要学会微笑。

情绪稳定性是小学生个性健康发展的重要内容。你了解自己的情绪吗？一起做一下小测试吧。选出最符合你的选项,答案没有对错之分。

(1)看到最近一次拍摄的照片,你感觉：

A.不称心；B.很好；C.还可以

(2)你是否会想起若干年后会发生什么使自己极为不安的事？

A.时常；B.没有；C.偶然

(3)你曾被同学起绰号挖苦吗？

A.时常；B.没有；C.偶然

(4)你上床以后是否必须再看一次窗是否关好再睡？

A.时常；B.没有；C.偶然

(5)你对与你关系密切的人是否感到满意？

A.不满意；B.非常满意；C.偶然

(6)你在半夜时分是否觉得害怕？

A.时常；B.没有；C.偶然

(7)你会梦见什么可怕的事情而惊醒吗？

A.时常；B.没有；C.偶然

(8)你是否经常做梦？

A.是；B.不是；C.不知道

(9)有没有一种食物吃了会使你呕吐？

A.不；B.没有；C.不知道

(10)你心里有没有去另一个世界的想法？

A.有；B.没有；C.不清楚

(11)你心里是否偶尔怀疑自己不是现在父母亲生的呢？

A.时常；B.没有；C.偶然

(12)你曾经觉得没有一个人关心或尊重你吗？

A.是；B.不曾觉得；C.记不清

（13）你是否常常觉得家人对你不好？

A.时常；B.没有；C.偶然

（14）你觉得没有人完全了解你吗？

A.是；B.不是；C.不肯定

（15）早晨起来,你最常有的感觉是什么？

A.忧郁；B.快乐；C.记不清楚

（16）每天秋天,你经常有的感觉是什么？

A.枯叶遍地；B.秋高气爽；C.没感觉

（17）你站在高处时,总觉得站不稳吗？

A.是；B.不是；C.有时

（18）你觉得自己身体强健吗？

A.不强健；B.强健；C.不清楚

（19）你一回到家就立即把房门关上吗？

A.是；B.不是；C.没留意

（20）你在关上门的小房间内会觉得不安吗？

A.是；B.不是；C.偶然

（21）你在做某件事时总觉得很难下决心吗？

A.是；B.不是；C.偶然

（22）你常用抛硬币、占牌或抽签预测命运吗？

A.时常；B.不会；C.偶然

（23）你会因为碰到东西而跌倒吗？

A.时常；B.不会；C.偶然

（24）你是否要用一个小时以上才能入睡？

A.时常；B.从未试过；C.偶然

（25）你是否感觉到别人感觉不到的东西？

A.时常；B.从未；C.偶然

（26）你是否认为自己有超越常人的能力？

A.是;B.没有;C.在某些方面

(27)你曾经觉得有人跟你走而感到不安吗?

A.是;B.没有;C.不清楚

(28)你是否觉得有人在注意你的言行举动?

A.是;B.没有;C.不清楚

(29)当你一个人夜行时,是否觉得前面潜藏危机?

A.是;B.不是;C.偶然

(30)你对别人自杀的态度是:

A.可以理解;B.不可思议;C.不清楚

【评分原则】

答案 A 为 2 分;B 为 0 分;C 为 1 分。将所选择的答案代表字母 A、B、C 对应的分数累计,算出总得分。

【结果分析】

计算出总得分后,可按下述三种情况进行对照,判定你的情绪。

少于 20 分,表示你的情绪稳定,自信心强,具有较高的审美能力、道德感和理性。你有一定的社交能力,能理解周围人的心情,顾全大局,是个性格爽朗、受人欢迎的人。

20—40 分,表示你的情绪基本稳定,但较为低沉,对事情的考虑过于冷静,处世冷漠消极,易丧失发挥自己个性的良机。你的自信心受到压抑,容易瞻前顾后,犹豫不决。

40 分以上,表示你情绪极不稳定。日常烦恼太多,使自己心情处于紧张和矛盾之中。如果你的得分在 50 分以上,则是一种危险的情绪不稳定信号,请快找心理老师予以解决。

儿童意志的锤炼

ERTONG YIZHI DE CHUILIAN

04

耶鲁大学法学院教授、美籍华裔蔡美儿写过一本书叫《虎妈的战歌》，她列举了很多她的女儿索菲亚和路易莎绝对不允许做的事：夜不归宿、小朋友的小组娱乐活动、参加校园演出、抱怨没有参加校园演出、看电视或玩电脑游戏、自己选课外活动、成绩拿不到A（除体育和戏剧外）、不能每科拿第一名、学钢琴或小提琴以外的任何乐器。是不是十分苛刻？估计在今天的中国，也很少有父母对子女如此严格。但蔡美儿说，不必一定是中国人才能当个"中国妈妈"，但必须忽略西方社会中上阶层的大部分育儿理念。西方父母始终强调孩子的自尊，批评孩子也说些拐弯抹角的、鼓励的话。而中国父母认为孩子是坚强而不是脆弱的，因此不顾一切地辱骂、加压。

蔡美儿还举了她教7岁女儿路易莎（小名露露）弹奏钢琴曲的例子。弹这首曲子时两只手节奏不同，露露总也掌握不好，她最后沮丧地撕碎了乐谱。蔡美儿把乐谱重新粘好，然后强迫露露回到钢琴旁。当母女俩的冲突变得白热化时，蔡美儿告诉露露"别再懒惰、胆怯、任性和可怜兮兮"，这一做法遭到了她丈夫杰德的温和指责。蔡美儿却不为所动，继续辅导露露，晚饭后一直练到夜里，中间既没给她喝水也没让她上厕所。露露终于练成了，她在家里美美睡了一个好觉，几周之后又以一曲钢琴独奏露了脸。

我们姑且不论中国教育模式和美国教育模式孰优孰劣，然而不可否认的是中国的传统文化中一直注重孩子的意志力锤炼。世上无难事，只畏有心人。有心之人，即立志之坚午也，志坚则不畏事之不成。意志力是成功的重要条件，培养孩子的意志力对他们日后的发展有举足轻重的作用。

第一节　儿童的意志及其品质

一、风雨过后现彩虹

刘伟,生于 1987 年,10 岁时因触电意外失去双臂,伤愈后他为了今后的生计加入北京市残疾人游泳队。2002 年,通过努力,他在武汉举行的全国残疾人游泳锦标赛上获得了两金一银;2005 年、2006 年连续两年获得了全国残疾人游泳锦标赛百米蛙泳项目的冠军。他还对母亲许下承诺:在 2008 年的残奥会上拿一枚金牌回来。并且在此期间,他还学习了高中的课程,成绩十分优异,考上大学不成问题。然而命运对这位年轻人的残酷之处在于:总是先给了他一个美妙的开局,然后迅速地吹响终场哨。在为奥运会努力做准备时,高强度的体能消耗导致了免疫力的下降,并且高压电对于他的身体细胞有过严重的伤害,不排除以后患上白血病的可能,所以他无奈放弃了体育。此时一个从小藏在他心里的梦改变了他的人生轨迹,从小就梦想着能成为钢琴家的他,放弃体育,并且不顾家人劝阻,选择了放弃高考,学习钢琴。但他的学琴路绝不是一帆风顺。当他报名参加音乐学校后,遭到音乐学校拒绝和学校校长的侮辱与歧视,校长说他的加入只会影响校容,但坚强的他没有因此沉沦,他对音乐学校校长说:“谢谢你能这么歧视我,迟早有一天我会让你看,我没有手也能弹钢琴!”于是,他开始自学钢琴。用脚弹琴是艰难的,这需要勇气和想象力,许多人用手弹都需要很多年才有起色,何况是脚。他每天练琴时间超过 7 小时。“那时真是精神和体力的双重考验。”终于在脚趾头一次次被磨破之后,他逐渐摸索出了如何用脚来和琴键相处。和他在学习游泳上的表现一样,他对音乐的悟性同样惊人。奥运会时,只学了一年钢琴的他就上了北京电视台的《唱响奥运》节目,当着刘德华的面,弹了一曲《梦中的婚礼》。接着,他弹着钢琴,与刘德华

合唱了一首《天意》。2010 年 8 月,在《中国达人秀》的现场,他带着空着的袖管走了上来,坐到钢琴前。那首《梦中的婚礼》响了起来,台下鸦雀无声。曲子结束,全场起立鼓掌。当评委高晓松问他这一切是怎么做到的时候,他说了一句:"我觉得我的人生中只有两条路,要么赶紧死,要么精彩地活着。"他成为第一位中国达人,获得 2010 年中国达人秀总冠军,并被评为 2011 年感动中国十大人物。

灾难和不幸是人成长的绊脚石。在成长的过程中,每个人都可能遇到各种各样的不幸。有的身患疾病、病魔缠身,如身患骨癌的莫潇燕,他们随时都有失去生命的可能;有的是身体残疾,如又盲又聋的海伦·凯勒;还有的家庭残缺不全,遭遇天灾人祸等。灾难和不幸是个人成长过程中的消极因素,它可能给你带来悲观失望及自卑的消极情绪。消极的情绪对人体活动具有阻碍作用,如果强度过大或持续过久,就可能导致神经活动机能失调,大脑还会释放一种对身心有害的物质。这对正处在身体发育高峰期的儿童们是一种毒害。相反,乐观的积极情绪,对人体活动可以起到良好的促进作用,提高体力和脑力劳动的效率,使身心保持健康的状态。

人生总是充满理想和希望的,而要实现理想和希望,则难免碰到困难和障碍。人克服了困难,便有成功的愉快和满足。反之,就产生挫折感。对挫折所作的反应因人而异,有人颓废沮丧,有人则百折不挠。著名心理学家马斯洛说,挫折未必总是坏的,关键在于对挫折的态度。心理学家们认为,对挫折的良好心态是从不断受挫和解决困难中学来的。

你想知道自己的孩子心理承受能力吗? 不妨和他一起做一做下面的心理测试吧。

二、心理承受能力测试

面对现代社会的挑战,人只有具备较强的心理承受能力,才能较好地适应环境,求得发展。请如实回答下列问题,在 A、B、C 中选择一个符合你实际情况的答案。它们将帮助检测你承受挫折的能力。

(1)碰到令人担心的事情时,你会(　　)。

A.无法着手工作　B.照干不误　C.两者之间

(2)碰到讨厌的对手时,你(　　)。

A.感情用事,无法应付　B.能控制感情,应付自如　C.两者之间

(3)面临失败,你会(　　)。

A.再不想干了　B.努力寻找成功的契机　C.两者之间

(4)当工作学习进展不快时,你会(　　)。

A.焦躁万分,无法思考　B.冷静地想办法　C.两者之间

(5)工作学习中感到疲劳时,你会(　　)。

A.总是想着疲劳,脑子不好使了　B.休息一段时间就忘了疲劳　C.两者之间

(6)工作学习条件恶劣时,你会(　　)。

A.无法进行工作学习　B.克服困难创造条件进行工作学习　C.两者之间

(7)产生自卑感时,你会(　　)。

A.不再想学习　B.依然振奋精神去学习　C.两者之间

(8)碰到难题时,你会(　　)。

A.失去信心　B.为解决问题而开动脑筋　C.两者之间

(9)接到很难完成的任务时,你会(　　)。

A.顶回去了事　B.千方百计干好　C.两者之间

(10)困难落到自己头上时,你会(　　)。

A.厌恶之极　B.认为是个锻炼的机会　C.两者之间

评分与解释:

A,0分;B,2分;C,1分;将各题得分相加得出总分。

总分在17分以上,说明你的耐冲击力很强;

总分在13—16分,说明你的耐冲击力较强;

总分在10—12分,说明你的耐冲击力一般,对某些冲击的承受力较弱;

总分在 9 分以下,说明你的耐冲击力不足,很容易被外界的压力所击倒。

自测后提醒:此问卷仅作为了解自己的参考,如有疑问,请咨询专业人员。

一个人的心理承受能力是可以慢慢培养的。耐冲击力差的同学不要气馁,在遇到类似于题目中的那些情况时,即使做不到像 B 那样,也可以争取做到 C,并逐步向 B 过渡,久而久之,你的耐冲击力就会逐渐增强。

三、儿童良好意志的表现

意志是人们在认识的基础上,自觉地确定有意义的目的,并根据这一目的来调节支配自己的行动,克服情绪上、心理上各类障碍与主、客观方面的各种困难使之实现的主观能动过程。意志是人的心理现象,它包括:目的、坚持、自制、勇敢、果断、主动等基本品质。幼儿随意动作的发展是意志行动的基础。随着言语系统调节机能的迅速增强,在成人的教育影响下,幼儿开始逐渐能克服自己的愿望,制止某种行为。童年期是意志品质发展的重要时期,但由于生理水平和整个心理活动发展水平的限制,孩子的意志活动仍处于发展的低级阶段,行动的自觉性、坚持性、自制力都需要进一步提高。家长可通过观察孩子自制力、自觉性以及坚持性来判断孩子的意志。

(一)自制力

自制力是指儿童控制和支配自己的行为的意志品质。它包括两个方面的含义:一是善于促使自己去做应该做的、正确的事情;二是善于抑制自己不正确的行为,抑制自己消极的情绪和冲动等。学前儿童的自制力,总的来说是比较弱的。从中班开始,儿童开始能有些自制力的表现。例如,上课时坐正、眼睛看老师,手、脚不乱动;午睡时不说笑、逗闹,手放在被子里边;玩玩具时能互相谦让;上下楼时能安静、慢慢走。到大班,儿童的自制力进一步发展。不少五六岁的孩子能比较主动地控制自己的愿望和行动,努力使之符合于集体的行为规则和成人的各项要求。但是,他们虽然已能较好地控制自己的外部行动,但是还做不到较好地控制自己的内部心理过程,有意注意、有意识记、有意想象等心理过程都还正在逐渐发展之中。

意志的自制性是指经常能控制自己的言行及不良的心理状态。例如,有的孩子在遇到作业没完成,而又有好电视节目时,往往不能控制自己,即使在大人的督促下不能看电视,但他想看电视的思想并没有抑制住,"身在曹营心在汉",结果是电视没看成,作业也没做好,两头吃亏。这说明,该孩子的自制性比较差。自制性具有以下几个特点:(1)善于控制和调节自己的情感,遇到紧急情况能保持清醒的头脑,鼓足勇气,克服困难,争取胜利;获得成功之后,则能更加谦虚谨慎,不骄不躁。(2)善于约束自己的言行,对自己的言行高度负责,正确地看待个人得失,以宽容、友好的态度处理人际关系。(3)组织纪律性特别强,情绪稳定,注意力集中。

(二)自觉性

自觉性是指儿童自觉服从并主动给自己提出一定的目的、任务的意志品质。学前儿童由于年龄小,语言和思维的发展水平还很差,对周围事物、成人提出的任务、自己的行动目的缺乏深刻的认识,因此,行动的自觉性是较差的。在正确的教育影响下,学前中期儿童开始能使自己的行动服从于老师的指示和要求,并且能够在某些活动中独立地为自己确定行动目的,逐渐按照既定的目的去行动。但这些行动目的有时还不甚明确,对行为的制约性也不强。到学前晚期,大班的儿童已能够比较明确地给自己提出行动的目的、任务,并且不仅能较好地使自己的行动服从于成人的指示,而且还能较好地服从于自己提出的目的。周围环境对他们的影响相对减弱,而语言指示、目的任务对他的制约力相对增强,行动具有较明显的目的性。

意志的目的性是指对自己行动的目的有明确认识,从而使这个目的有计划地实现。意志的目的性较强的人,从长远目的出发考虑个别行为目的,并使其服务或服从于长远目的。看孩子学习中的意志力如何,第一个标准是看他的学习目的明确不明确。"学习是我的责任,就像爸爸、妈妈好好工作一样,我要认真地学习""我好好学习是为了要得到教师的称赞"与"我得到好分数爸爸会给我零用钱去买玩具"这几种学习的目的不一样,他们所反映出的意志品质就有很大差别,这也必

然会带来行为上的差别。

(三)坚持性

坚持性也叫坚定性、坚韧性、顽强性等,是指一个人长时间地保持充沛的精力和顽强的毅力,坚持不懈的行动,以达到预期的目的。学前晚期,大班儿童的坚持性比较稳定,他们不仅对自己感兴趣的活动的目的,能努力实现,而且对自己不感兴趣的,甚至较困难的活动的目的,也能在较长时间内坚持完成。有一实验表明,在教育影响下,大班儿童能在周围有其他儿童游戏和听讲故事的环境中,克服干扰,坚持完成成人委托的劳动任务。这说明大班儿童的坚持性较小、中班儿童有了较大的提高。

意志的坚韧性是指不断地克服达到目的的道路上所遇到的重重困难,把所采取的决定贯彻到底,直至达到所提出的目的。坚韧性有两个显著的特点:(1)善于在意志行动过程中抵抗和排除各种主观诱因的干扰。(2)善于坚定地从事已经开始的行动,具有不达目的誓不罢休的坚强毅力,遇到挫折不灰心,能持之以恒,忍耐持久,锲而不舍。坚韧性在困难的、枯燥无味的、艰巨的工作中会表现得特别突出。坚韧性是人们取得成功的重要保证之一。马克思写《资本论》花了40年;李时珍写《本草纲目》花了27年;歌德写《浮士德》花了60年。具有坚韧性的人,在失败时并不泄气,相反地则是更加坚定地、果断地去实施当时所拟订的行动计划,并为此而探索新的途径和方法。

第二节 儿童良好意志的锤炼

一个人在成长过程中,不可能总是一帆风顺,所以人要学会吃苦耐劳,遇到困难能够努力克服,发挥自己的聪明才智,寻找解决问题的办法。陶行知先生曾明确

指出,在学习活动中,光有智力不行,有了学习的热情也不够,还必须有坚持到底的意志,才能克服各种困难,使学习取得成功。一个具有坚强意志的孩子,不仅能促进其情感和智力的发展,而且可以调节和控制自己的情感,主导和支配自己的认知活动,按照自己的预定目标,勤学苦练,克服困难,向科学知识的高峰不断攀登。一种品质的形成是一个长期过程,所以我们必须从小开始就予以重视,逐步培养。培养孩子坚强的意志是一个系统的工程,从不同的侧面和层次上,采取多种方法,才能取得比较理想的效果。

一、培养儿童的自觉性

孩子的学习动机多种多样,有的是为父母而学,有的为老师而学,有的为考大学而学,有的为超过同伴而学,也有的似懂非懂地为祖国而学。不论孩子为什么而学,首先要尊重、承认他们的意愿,保护他们强烈的学习热情。上述孩子的这些动机都不是错误的动机,只能说动机水平还不够高,是初级的动机水平,如果当作错误的动机加以批评,无异于给他们的学习热情浇上一盆凉水。当然,教师既不能让孩子停留在初级的动机水平上,也不能一下子就要求他们确立"为振兴中华而学习"这一高级动机水平,而是在确保孩子的学习热情有增无减的前提下,逐步提高其动机水平。比如,我们可以让孩子适当地参加一些科技活动,培养自己的爱好,以帮助自己形成稳定的学习动机和认真负责的学习态度;也可利用正确的自我评价,有目的地表扬与批评,以及学习成果的反馈作用,来培养和激发孩子的学习动机;还可因势利导,让教师或孩子自己逐步提出更高要求,从而克服利己主义动机,形成正确的动机。总之,培养正确的动机是意志品质培养的一个重要方面。

苏霍姆林斯基曾明确提出:"我们还把培养学习愿望的问题跟孩子的意志领域密切地联系起来。孩子应当努力地好好学习,但不是为了满足个人的虚荣心和只顾自己的面子。激励孩子去学习的基本意志动机,应当是下列几点:自觉的劳动态度,为从事共产主义社会建设者的未来活动而做好准备,集体的荣誉感,班级、学校的荣誉感等。"这就是说,要保证孩子能"努力地好好学习",就必须激发他们的"基本意志动机","把培养学习愿望的问题跟孩子的意志领域密切地联系起来"。

在儿童自觉性培养上,家长还需要转变错误认知。不少家长认为四五岁的儿童做事是不可能有计划性和自觉性的,因而出现包揽过多的现象。其实只要加以有意识地培养和引导,儿童也可以像小学生一样学会自觉地按计划游戏和学习。而孩子一旦养成了有计划地自觉做事的习惯,不仅可以使父母管教孩子省心,而且还能使孩子逐渐对学习产生兴趣,为今后的学校生活打下一个良好的基础。

孩子做事的计划性和自觉性的培养有一个循序渐进的过程。开始时,要先把大人的计划详细地告诉孩子,要用与孩子商量或征求意见的口气。例如,星期天吃早饭时,跟孩子说:"今天我想这样安排,你看好不好? 吃完饭我们去动物园玩,从动物园出来去姥姥家,下午两点从姥姥家出发去省博物馆看画展。回家后,你画一张画,怎么样?"开始的时候,孩子是没有计划安排的概念,但由于爸爸、妈妈一本正经地跟他商量,孩子也就会学着大人的样子,"不懂装懂"地点头表示:"那好吧。"次数多了,孩子就慢慢体会到了活动安排的含义了。

第二步只说出具体活动内容来,让孩子自己安排次序。比如:"今天我们去公园玩三个内容:划船、坐碰碰车和跳跳床。你来安排玩的次序。"如果是合理的,就照孩子的安排办;如果不合理,则要给他讲清楚为什么。这样时间长了,就可以使孩子学会怎样统筹安排活动内容。

第三步只给个大框架,让孩子自己安排具体活动内容。比如说:"今天上午我们可以到公园玩两个小时,你看玩什么,怎么玩呢?"孩子想玩的内容很多,开始会说出一大堆来。这时要告诉孩子,玩哪一项需花多长时间,算下来,两个小时只够玩 3 项的,让他从中选出 3 项最想玩的。这样,就把玩的内容与时间概念联系到一起了。

学会了做计划,并懂得了按计划进行活动,稍加引导,孩子就能比较顺当地养成做事、游戏、学习的自觉性。只要家长提出了合理的要求,孩子在一般情况下都会自觉去做。久而久之,如果孩子习惯了事先安排活动的内容和次序,每遇到休息

日时,就会向父母说他一天活动的打算,并且,还会把学习、劳动之类他不十分情愿做的事也都自觉地安排到他的计划里去。

二、培养儿童的独立性

与其他动物的成长历程相比,人类的成长要经历较长的依赖期。在婴儿期,孩子甚至还不能将自己和周围的事物分辨开来。一岁左右的孩子,在迈出人生中独立行走的第一步时,心中充满了好奇和喜悦,这是孩子身体独立能力的展示。随着年龄的增加,儿童的自我意识逐渐形成。两岁左右的孩子,开始可以使用第一个人称代词"我",这标志着孩子独立意识的形成。孩子开始意识到自我的存在,并增进与周围环境的积极互动,这是培养孩子独立意识和独立能力的关键时期。这时,家长要主动为孩子营造环境,在父母的监护下,让孩子完成力所能及的任务,例如自己进食,自己收拾玩具等。随着孩子自我控制能力和活动协调能力的提高,到了三至四岁,就可以锻炼孩子自己穿衣服、鞋子,而后逐渐让孩子学会收拾床铺、饭桌等。如果我们对孩子的要求太高,容易使孩子产生挫败感,反而失去了自信心,如果要求太低,则失去了锻炼的价值。因此,只有了解孩子身心发展的一般规律和自己孩子的特点,父母才能够有针对性地提出适合自己孩子发展水平的要求,从而逐步提高孩子的独立能力,增强孩子的独立意识。

第一,不要包办孩子的一切,放手让孩子做力所能及的事。从两岁起,孩子可以在家长的帮助下,逐渐学会自己吃饭、穿衣、睡觉、收拾玩具等。在这个过程中,孩子从不会做到逐渐学会做,从做得不像样到像模像样,是必然的规律,也是必经的过程。因此家长应多给孩子创造锻炼的机会,放手让孩子去做,不要怕孩子做不好,不要心急,也不能求全责备,更不能包办代替,要有意识地培养和锻炼孩子的自助能力,同时,还要让他们学会生活中必需的求助。比如,家里突然停电,电话不通了,水管停水了,外出迷路了……家长可借此帮助孩子学会求助,知道应当求助于哪些部门,用什么方法求助。对于孩子独立做的事,只要是付出了努力,结果无论怎样都要给予认可和赞许,使孩子产生信心,让孩子感觉到"我行"。这种感觉很重要,它是孩子独立性得以发展的动力。

第二,让孩子自己找问题的答案,培养初步的独立思考的能力。我国著名儿童教育家陈鹤琴先生说过:"凡是儿童自己能够想的,应当让他自己想。"遵循这样的原则教育孩子就能培养其独立思考的能力。幼儿具有好奇好问的天性,对待他们所提出的问题,成人应启发他们自己动脑筋去想,去寻求答案。孩子提出问题,成人通常的做法是立刻告诉他答案。这样看起来简单又省事,但这样的孩子长大以后,就不会思考问题,总希望别人能提供现成答案,这直接妨碍了孩子在智力劳动上的自主性。幼儿具有好奇好问的天性,对待他们所提出的问题,家长应启发他们自己动脑筋去想、去寻求答案。对此,多数的家长很注意丰富孩子的知识,也常常很耐心地回答孩子提出的问题,但往往忽略培养孩子独立思考问题的能力。例如:有的家长在给孩子讲故事时,往往只是一页页的讲,一本本的讲,孩子也只是静静地听。其实,给孩子讲故事,家长也可以只讲故事的开头,故事的发展、结尾由孩子进行续编,家长也应该提出相应的问题给孩子思考的机会,充分利用孩子的好奇心让孩子参与,从而培养孩子思考问题的能力。

第三,给孩子权利,让他自己去选择,尊重孩子的自主选择,培养孩子自己拿主意做决定的能力。我国传统家教中十分重视"听话"和"顺从",殊不知家长只注意了"听话"却忽略了孩子个性和独立性的发展。家长总是不能意识到孩子已经具备自主选择的能力,总是认为自己的做法比孩子高明、保险,从而把自己的意识强加给孩子,不去考虑孩子在独立做出决定和处理事情时的那一种宝贵的信心和热情。不少家长怕孩子选择错误,从来不给孩子选择的权利。但这样的孩子长大后就不可能适应竞争激烈的社会生活。因此,建议家长应该多说这样的一些话:"这由你决定""这是你的责任""不管你怎么想,这由你选择。"而一旦孩子做出决定,你就必须使他意识到他要对他所做选择的后果负责。由于年龄、经验所限,孩子在自主安排生活时需要父母的帮助和引导。比如,在孩子对衣服的质量、式样或钱的价值有了足够的知识之前,不要让他一个人去买衣服;在他对学校的基本课程和职

业的要求缺乏深刻认识之前,也不要完全随他意愿选择要上的学校。在这些事情上可征求孩子的意见,允许他们有发言权,但又不能完全听他的。一种有效的方法是对他们的选择加以适当地限制。例如,带孩子出去买东西,你可以把选择好的两件东西给他看,然后要求他根据质量和价格做出最后的抉择。

家庭是培养幼儿独立性的首要场所。任何一个孩子,无论是独生还是非独生,都是由于父母的教育和环境的影响,才形成了不同的人格品质和能力的。独立性同样不是与生俱来或自然形成的,而是后天塑造的结果。

三、培养儿童的耐挫力

随着人民生活水平的日渐提高,独生子女队伍的扩大,人们对孩子施以更多的爱抚,这是造成当今孩子神经系统脆弱的一个后天因素。2012年某期《少年日报》头条刊登了一篇名为《上海中小孩子怕吃苦》的文章,在对800多名孩子的调查中,有38.1%的孩子对学校组织的劳动敷衍了事,17%的孩子厌学、缺乏毅力,能逃则逃;对学习计划只有17.5%的孩子能坚持完成,半途而废的占30%,大打折扣的占45.1%,做做样子的占7.4%。个个数字,触目惊心。可见培养吃苦耐劳精神和增强意志品质,已成为我们基础教育的当务之急。因此,我们的学校教育和家庭教育都应当有意识地创造一些艰难的情境给他们以实际的锻炼。国外有些学校定期将孩子送到偏僻的荒山荒岛上,让他们自己去克服困难,创造生活,尝受生活的艰辛,这确是明智之举。

"宝剑锋从磨砺出,梅花香自苦寒来""锲而不舍,金石可镂",都是意志磨炼的真实写照。要从大处着眼,小处入手,自觉地参加社会实践锻炼。让孩子在实践中经受磨炼,首先要善于把儿童置于各种各样的而又力所能及的障碍和困难面前,当儿童在活动中遇到困难时,成年人要给予鼓励和指导,使他经过努力克服困难。儿童能在许多小事中通过练习磨炼出坚强的意志,那么在大事中就能把这一品质表现出来。其次,应建立必要的、严格的生活制度,使儿童养成良好的、有规律的生活习惯。第三,要经常不断地提出具体的、合理的、坚持一贯的要求,促使他们将道德要求转化为自己的行动。最后,要给予必要的限制,培养其对自身行为的自制力。

　　另外,学校、家庭要让孩子更多地去接触大自然、去接触广阔天地,去参加生产劳动,在艰苦环境中经受锻炼。所有这些都能较好地培养孩子顽强的意志,培养他们的优良意志品质。如果孩子从小娇生惯养,各方面的需要总是能顺利地得到满足,那么他就不会获得忍受挫折的经验。有些心理学家指出,孩子受挫折太少,会使他们不知如何独立地处理生活中出现的问题;如果挫折太多,也会影响其以后的发展,如形成自卑、怯懦等性格,而失去克服挫折的勇气和力量,可见,给孩子造成一定程度的挫折,让他们通过努力学习来减少或避免挫折,那是不可少的。

　　在学校里,时常看到或听到这样的情况:有的家长替孩子写作业,有的家长到学校替孩子做值日,有的孩子甚至出钱叫同学替他写作业或做卫生,还有班上总有那么几位孩子,同学和老师都对他们高看一眼,"三好孩子""优秀干部"等荣誉总是光顾他们,经常看到的是别人的赞扬和笑脸。久而久之,他们会变成"老虎屁股摸不得"的小霸王,哪怕是一次小小的挫折也受不住,变成了"温室里的花朵"。因此从某种意义上说,不失时机地对孩子进行一定的挫折教育,会有利于孩子的健康成长。

　　首先,家长要辨证地认识孩子所遇到的挫折,看到挫折对孩子成长的积极作用。因为挫折是不可避免的,关键在于你如何看待和应付挫折。退缩、放弃和自我毁灭都是不明智的举动。另外,挫折的经历有利于丰富一个人的知识。俗话说:"吃一堑,长一智。"挫折从反面丰富了人生的经验,会让人长见识,提高能力。如果总是一帆风顺,那么从眼前来看可能是件好事,但从长远来看则未必是件好事。

　　其次,家长在孩子遇到挫折时要给予谅解、鼓励和必要的帮助,让孩子冷静下来,从中获取一些教训、启发和知识,变消极为积极,不能漠不关心,更不能一味埋怨、批评。例如,诺贝尔物理奖获得者卡曼林·昂尼斯的父母在教子方面就很有远见。卡曼林爱搞实验,他把家里的阁楼当作自己的"天文台"和"实验室"。一次做实验时不慎起火,烧毁了半座楼,十几岁的他吓得整夜不敢回家。这次闯祸对卡曼

林来说无疑是一大挫折。他的父母整夜寻找,次日清晨父亲找到他后,心疼地拥抱他,并亲切地说:"孩子,别害怕!为了科学研究,你就是把全家的屋子拆了,把田地全毁了,我们也不会埋怨你。"这几句话永远在卡曼林脑海回荡,激励着他数十年为科学事业而奋斗,终于获得辉煌成就。

再次,要适当给孩子一些"劣性刺激"。目前,对独生子女宠爱有加,而独立性和纪律性方面的教育则是少之又少。因此,应对孩子施加必要的"劣性刺激"。所谓"劣性刺激"是指令人不快或不舒服的外界刺激,主要有以下几种:饥饿、劳累、困难、挨批评等。不失时机地给孩子必要的"劣性刺激",可以很好地锻炼他们的意志力。

四、培养儿童的自制力

家长应当相信每一个孩子都具有一定的自制能力和学习能力,应尽可能给孩子创造成功的机会和条件,不断地让孩子获得成功,让他们体验到成功的快乐。教会孩子经常给自己打气,经常鼓励和肯定自己。比如回忆自己的"光荣史",从中体会你自己所拥有的能力,鼓励自己过去行,现在更行。要经常提醒自己,千万不要贬低自己。也可以通过讲授一些心理学知识,提高自信心。比如,李洪玉主编的《学习动力》中提到,人的智力水平是正态分布的,所谓"天才"只占 1%~2%,白痴也只占 1%~3%,我们大部分人的智力水平是居中的,彼此相差不多,谁努力,谁的非智力因素强,谁就有可能成功。孩子知道这样一些东西以后,非常有助于树立自信心。

(一)从"他制"到"自制"

低龄的孩子还不能判断和评价自己行为的适宜度,这时,家长就要制订一些必要的"家规"了。起初,孩子可能只是粗略地懂得"要这样做""不要那样做",即使不理解为什么,但是习惯成自然。随着孩子年龄的增长,"家规"也应赋予更多的道德意义,要让他们明白为什么要这么做。但要注意,规矩不能太多,要善于抓住主要矛盾。

孩子比较小的时候,自制力的培养主要在生活习惯上,如规定孩子有规律的生活。最初,孩子或许只是单纯地响应,但时间久了自然会变成一种习惯。例如,父母不许孩子玩火柴,当他拿起火柴时就受到"不能玩"的约束,久而久之就不玩火柴了。稍大的孩子在培养其约束能力时,还要让他们懂得其中的道理。

(二)循序渐进,允许孩子犯一些小错误

自制力的形成需要一个过程,不是一蹴而就的。当孩子缺乏自制力的时候,如:打坏东西、提一些过分要求等,父母应当宽容一些,粗暴行为只会让孩子产生反抗情绪。父母对孩子要有足够的耐心,当孩子的行为变成一种习惯时,自制力也就自然而然地形成了。要尽量让孩子感到心悦诚服,不过分束缚孩子,不粗暴对待孩子,最好能用生动形象、寓意深刻的事例说服孩子。对于屡教不改的孩子可以"少说多做",这类孩子说多了,没有用,只能少说,但说出来的话要算数,否则就没有威慑力。培养孩子的自制力要从日常生活小事做起,逐步磨炼,如早上是早起还是赖床,这就需要父母有足够的耐心。

(三)奖励已形成的自制力

对孩子行为的督促,一定是伴随着奖罚发生的。家长的奖励可能是孩子坚持下去的动力。精神上,我们可以多赞赏孩子:"你真棒,再坚持一下,一定会成功的。"物质上对孩子的奖励不要太频繁,不能说"你今天坚持到最后,我就给你买玩具"之类的话,因为这会引起孩子的表演欲,不利于自制力的培养。

孩子犯了错误,出现了破坏性行为的时候,我们要分清是无意破坏还是有意的破坏。无意破坏是由于孩子的身体平衡度不够或者动作不协调导致的,而有意破坏往往是孩子试探性的行为,比如说把新买回来的童话书撕碎,把碗摔在地上等。孩子不同的破坏行为,要区别对待,不能一味地批评和惩罚。

(四)在游戏中培养自制力

游戏是培养孩子自制力的好方法。例如,让孩子充当哨兵的角色,跌倒了不许哭,站着也不许随意走动,再胆小或调皮的孩子也可以做到。比如我们可以跟孩子

一起做"警察抓小偷"的游戏,让孩子扮演警察,并且告诉他即使跌倒了也不许哭,或者一定要站在那里不许动。在游戏的氛围里,再淘气的孩子也能坚持住。在这个过程中,有利于孩子自制力的形成。

(五)建立合理的家庭制度

这就是现在所说的"契约教育"。家长跟孩子定好规章制度,比如玩游戏的时间、看电视的时间。规矩一旦定下来就不许变动,孩子和家长都要遵守。当孩子行为不合规矩的时候,家长就要跟他讲道理,告诉他,他越界了。赞美和鼓励对孩子来说是强大的动力,能有效地开发孩子的潜力。在孩子做出有自觉性、有自制力的行为时,父母给予及时的赞美和表扬,孩子便会继续努力。长此以往,孩子的自制力便可以得到增强。

第三节　如何引导儿童的不良意志品质

现在大部分的家庭都是独生子女,孩子太依赖父母,家长过度的宠爱关照往往导致孩子各方面严重依赖亲人,长大以后生活自理能力极差,要让孩子从小养成独立的性格,培养良好的心理素质。

一、儿童依赖的引导

(一)儿童过度依赖的原因分析

第一,家长为孩子提供了过于优越的环境。一些经济条件不错的家庭,父母总是为能给孩子提供优越的生活环境而引以自傲。于是孩子生活被照料得极其精细,凡事都有保姆管着。他们认为,这些生活小事,孩子将来会不会也没关系,只要让他具备成就大事或者赚大钱的能力就足够了,就这样,孩子养成了饭来张口衣来伸手的依赖习惯。

第二,父母给予孩子情感上的照顾比较少。父母过于忙碌,没时间照顾孩子,或者孩子很小就被寄养在别人家,导致孩子总是担心父母要离开自己,情绪比一般的孩子更为不稳定,较少有安全感。缺乏安全感的孩子依赖父母的情感会更加强烈,试图通过这种方式来获得父母更多的关注。

第三,家长本身对孩子的情感依赖过于严重。有的家长习惯于伺候孩子,如果不给她伺候孩子的机会,她内心反而会十分难受。孩子被这样的家长宠惯了,就会很聪明地见人下菜碟,专门拣软柿子捏,只要一到最疼他的家长面前,就会变得特别依赖,而在别的家长面前,却表现得比较独立。

第四,不正确的引导导致孩子过分依赖某人。有的父母,尤其是有的妈妈觉得自己带孩子很辛苦,可是当看到孩子对并没有那么辛苦地带他的其他人表现出更多热情的时候,内心难免有些酸溜溜的感觉,于是,会忌妒其他孩子爱着的人。为了让孩子属于自己,她们可能会更多地争夺孩子的权利,结果人为地导致孩子过分依赖自己。

(二)儿童过度依赖的行为表现

1.生活上的依赖。在生活上依赖于他人的孩子,生活管理能力较低。比如房间的打扫、衣物的换洗及整理。对这些生活基本问题,越来越多的孩子无能力自理,也缺少自理的意识。

2.学习上的依赖。现在有这样一种常见的现象:"灯光下,书桌旁,父母陪着孩子学习,催了又催,讲了又讲,最终不紧不慢的还是孩子。"

3.思维上的依赖。"妈妈这个题怎么做?爸爸这个词是什么意思?"孩子不愿主动去想,不愿主动去解决,在生活中没有主见,遇到问题时无所适从。

4.行为后果的依赖。孩子在外做错事,父母帮着去解决,去赔礼道歉;打碎了杯子,父母赶紧蹲下把碎片收拾起来;小朋友之间遇到矛盾,父母赶紧过去帮助解决或者赶紧把孩子领回家。这些现象中,孩子只是父母的跟随者,不用承担任何责任。

（三）引导孩子依赖的方法

1.父母应承认孩子的独立人格。平时多和孩子平等交谈，让孩子充分表达自己的思想和感受；放手让孩子去做他喜欢的且不违反原则的事，使他充分展现自己的能力。在这些活动过程中，让孩子逐渐意识到，他是一个独立思想和独立能力的人，不是事事必须依赖父母的"小可怜"。

第一，1—3岁：鼓励孩子不断尝试。这个阶段的孩子会主动地探索环境以及尝试新的事物。比如说，他们会开始试着自己用小勺吃饭。然而，有些父母为了节省时间，或怕孩子把饭菜撒得到处都是，便会把小勺从孩子的手中拿走，类似的做法一时来看确实替父母省了不少事，然而却是造成孩子依赖行为的根源。孩子尝试新事物的行为如果遭到父母一再地干涉，他们甚至会产生一种强烈的挫败感，最后只能放弃对新事物的探索，而这也意味着孩子们掌握新技能的时间会被人为地推迟。这对孩子独立性的发展自然是相当不利的。

第二，4—6岁：强化孩子适应能力。这个时期的家庭教育，对于孩子究竟是继续依赖父母，还是逐渐被培养成独立性格，也将产生深远的影响。在这个阶段，孩子会面临更多的挑战，如果此时父母对其新的目标给予支持，孩子自发的责任感便能得到发展。因此，要扭转孩子的依赖心理，就要让孩子在家中做一些力所能及的事情，比如倒垃圾、叠被子、扫地等。有些父母觉得孩子做事慢，因此不愿让孩子做家务事。如此一来，不仅养成孩子依赖心理，更容易让孩子丧失对家务的参与及责任感。他们不但会认为父母做所有的家务是理所当然的，而且一旦父母有些事情没有做好，他们反而会埋怨父母没有尽到责任。

孩子在成长的过程中，会不断地学习他人的行为，并对其产生认同。因此，如果能够善于利用榜样的作用，对孩子摆脱依赖并促进其独立自主，也能产生一种积极的效果。

2.父母首先要以身作则，做好孩子的榜样。有些年轻的父母，如果发生了经济问题，就伸手找老父母要；夫妻吵架，就赌气回家"搬兵"，更不用说星期日两手空

空地带孩子去祖母家又吃又拿。这一切都不利于对孩子独立意识的培养。曾经有一个妈妈,为了改变孩子的依赖,就从不经意的"选择"开始。她说:"我身后总有个小尾巴。先生认为这尾巴是我自己安上的,因为我从来没问过女儿,她愿不愿意当尾巴。一次我急着出门办点事,带上她不方便,正发愁呢,女儿说:'你可以让我挑呀!去奶奶家,请楼下的大姐姐来我家做作业陪我,或干脆我自己在家,我可以先画一张沙画再看动画片。'我尊重女儿的选择。回家后女儿说:'没想到你走的时间这么长,我的事全做完了你还没回来,下次你出去这么长时间,我就会选择去奶奶家或请大姐姐来。'听,是孩子太依赖吗?我想,对付依赖性强的孩子,可在设定的范围内让他做选择与决定,培养他思考与选择能力,并学习接受或者承担结果。"

首先,不要对孩子说"都是妈妈(爸爸)不好"这类话。当父母没给孩子买他喜欢的东西、忘记孩子准备在幼儿园或上学要用的用品、妈妈下班回来后接孩子迟到时,父母多半会说上述话,把责任揽到自己头上,低声下气地向孩子"道歉"。父母可能以为这样做会使亲子间关系融洽,其实不然。这容易形成对亲子间既依赖又对立的关系。孩子年龄小不懂道理,父母为讨好孩子,把自己降低到孩子的水平,倒使孩子从心里不尊重父母,认为一切都是"父母的错",从而形成事事依赖父母又事事反抗父母的不正常亲子关系。

第二,孩子如果说:"我不会。"就让他再思考一下。孩子在做作业时,一说不会,父母就立即发挥自己的权威指导形象,告诉孩子这应该怎样,那又应该怎样。这样下去,孩子自然会产生依赖心理。正确的做法是让孩不要急,耐心地再思考一下;若孩子实在不会,父母再简略地提点一下思路和方向,让孩子依次寻找思路或解决的方法。这样,才不至于使孩子一遇到困难就退缩到父母的羽翼下寻求庇护。

第三,父母不要问孩子:"痛不痛?"而该说"不痛吧!"孩子在路上不小心跌倒后,有的家长往往会赶紧扶起孩子,然后心痛地问:"是不是很痛?"如果看到孩子无精打采,就会紧张地问:"是不是头痛?"这种问法会使孩子不假思索地回答:"好疼。"暂且不讨论孩子跌倒是否会痛的问题。父母问孩子:"会痛吗?"无疑是诱导孩子回答:"痛。"即使是有点痛,想忍耐的孩子听到父母这么一问,也会眼泪汪汪地说痛。父母会说出诱使孩子产生依赖心理的话,反映出父母的一种心态,即一方面想严格管教孩子,另一方面又希望孩子撒娇或依赖父母。父母该用"不痛吧"的说法取代"痛吗",孩子自然会回答"不痛",如此则有助于培养孩子的独立意识。

二、儿童任性的引导

有些小孩当有客人到来或去别人家做客的时候,显得特别任性,不顾周围大人的劝阻,随心所欲,稍不满足,就大吵大闹,非要大人满足他的要求不可。这种任性的孩子,从撒娇开始,到吵闹为高潮。做家长的,要想办法帮助孩子克服任性的毛病。

第一,及时发现孩子任性,立即干预。当父母的都知道自己孩子的脾性,正如俗语所说那样:"知子莫若父。"发现孩子有任性的苗头时,应该迅速提出某些良好的行为方向或模式,分散孩子的注意力,同时以鼓励为主,引导孩子向好的方面转化。

第二,让孩子交朋友以减少任性。孩子上幼儿园结交朋友是一方面,回家之后还应该与邻居小朋友交朋友,不能一回家就把小孩关在屋内。这样可培养孩子的群体观念,减少撒娇和任性。

第三,尊重孩子有利于防止任性。任性的孩子往往表现为对父母的依赖,不能独立自主,而受到尊重的孩子能较早萌发独立性。因此,要把孩子看成是独立的人,有事与孩子商量。孩子说得对的,就要听他的;说错了的,要耐心说服他,纠正他,让他们心服口服,增强孩子自尊,防止任性。

第四,培养孩子的羞愧意识能有效地减少任性。带孩子到客人家里做客,客人还未到齐,孩子看到刚上桌的饭菜,就想伸手去抓来吃。这时,家长不必马上制止他,而可用讲故事的方式,使他有一点"不应该这样馋"的羞愧心理,从正面教育他应当怎样做,这就会转移孩子的任性,制止孩子哭闹。假如用打骂或强制手段,势必把事情弄僵,孩子大吵大闹会令人不可收拾。

第五,采取暂时让步或置之不理的办法消除孩子任性。当孩子要去玩妈妈却要他洗脚时,他不愿意听妈妈的话,硬要出去玩。对于这样任性的孩子,妈妈可以采取暂时让步的方法,以调和的口气说:"玩一会吧,不要太久,水不烫了再洗脚吧!"接着给他讲爱清洁讲卫生的小白兔的故事,使孩子领会"小白兔真乖"的道理而受到启发。如果孩子不听话而哭闹太凶,这时则可以暂时置之不理,孩子看到无人娇惯他,也就会自动停止哭闹,因此消除他的任性,成为听话的好孩子。

你想知道自己抵制诱惑的能力强不强吗?完成下面的测试就知道了。仔细阅读下面的十句话,看看是否与你的实际情况相符合。如果相符合,就在题号前打"√"。

( )1.我常常说:"这是最后一次了。"

( )2.我经常做出令自己后悔的事。

( )3.家长给我一个月用的零花钱,我很快就花完了。

( )4.我的作业还没有做完,小伙伴叫我出去一起玩,我马上就出去。

( )5.我经常不能按时完成自己的学习计划。

( )6.我常常长时间地玩一种游戏。

( )7.客人送我家的东西,我会马上打开看看。

( )8.我经常赖床。

( )9.家长和老师对我的保证已经不太相信了。

( )10.在商店里,如果我发现自己喜爱的东西,我会缠着大人给我买,直到买了为止。

【结果分析】

如果你所打的"√"不超过3个,说明你抵抗诱惑的能力强。

如果你所打的"√"为4个以上,说明你抵抗诱惑的能力不够强,应注意克服。

儿童良好人格的培养

ERTONG LIANGHAO RENGE DE PEIYANG

05

2007年度感动中国人物钱学森有着许多闪光的头衔：中国的太空航天之父、火箭之王，"两弹一星"元勋，中国航天科技事业的奠基人之一；钱学森有着许多可贵的品质：爱科学更爱祖国，才华横溢、治学严谨、着力创新、精益求精……

钱学森对"官位"淡泊。他总说自己是一名科技人员，只喜欢钻进科学世界，研究学问。钱学森一生担任过不少领导职务，但他说过"如不是工作需要，最好什么都不要当"。国防部第五研究院成立时，他是院长，后来成了副院长，这是他主动要求的。因为当院长什么都要管，火箭动力要管，附属幼儿园也要管。为了专心搞科研，他向当时负责的聂荣臻元帅提出当副院长，专管科研。钱学森担任的最高职务是全国政协副主席。1992年，他致信时任全国政协主席李先念，请求辞去政协的一切职务。

钱学森对金钱淡泊。1955年钱学森归国时，作为科学大师的恩师冯·卡门就说：你在学术上已经超过我了。然而就在事业如日中天、功成名就之时，他却毅然抛弃了优厚的待遇、优良的科研条件，历尽艰难险阻回到了当时生活条件相当艰苦贫困、科研条件落后贫乏的祖国，而且一生经历许多艰难困苦，却从不抱怨后悔。钱学森将大多的房产都捐给了国家，他100万港币的奖金全部捐给了西部治沙，几次将国家奖励的巨额奖金都捐赠出去，却几十年住着破旧的房子，用着几十年的旧提包，过着清贫的生活。

钱学森对名誉淡泊。1991年，他退出工作一线后，给自己定下了许多"原则"，比如不题词、不为别人的书写序、不参加任何成果鉴定会、不出席任何应景活动、不出国、不上名人录等。针对媒体赞誉他为中国航天之父、火箭之王，钱老却说，真正伟大的是党、人民和国家，而我个人只是沧海一粟；面对荣誉、地位，钱老说：我是科技人员，那些官的待遇我一样也不要。近些年，美国方面曾多次邀请他访美，甚至提出，只要他来，就授予他美国科学院院士、美国工程院院士称号。但是，他都拒绝了。钱学森说："如果中国人民说我钱学森为国家、民族做了点事，那就是最高的奖赏。我不稀罕那些外国荣誉头衔!"

"在他心里，国为重，家为轻，科学最重，名利最轻。5年归国路，10年两弹成。开创祖国航天，他是先行人，披荆斩棘，把智慧锻造成阶梯，留给后来的攀登者。他是知识的宝藏，是科学的旗帜，是中华民族知识分子的典范。"这是"感动中国"人物评选组委会授予钱学森的颁奖词，也是他一生的真实写照。然而他最感动人们的却是其淡泊名利的人格魅力。

第一节　儿童的人格决定其人生色彩

2013年5月,华盛顿大学350名学生有幸请来世界巨富沃沦·巴菲特和盖茨演讲,当学生们问到"你们怎么变得比上帝还富有?"这一有趣的问题时,巴菲特说:"这个问题非常简单,原因不在智商。为什么聪明人会做一些阻碍自己发挥全部潜能的事情呢? 原因在于习惯、性格和脾气。"盖茨表示赞同。无论是在工作和生活中,都是人格决定命运,人格好比是水泥柱子中的钢筋铁骨,而知识和学问则是浇筑的混凝土。有位美国记者采访晚年的投资银行一代宗师摩根,问:"决定你成功的条件是什么?"老摩根毫不掩饰地说:"人格。"记者又问:"资本和资金何者更为重要?"老摩根一语中地答道:"资本比资金重要,但最重要的还是人格。"人

格或个性,它决定着我们人生的色彩。

一、儿童人格及其形成

人格也称个性,这个概念源于希腊语 Persona,原来主要是指演员在舞台上所戴的面具,类似于中国京剧中的脸谱,后来心理学借用这个术语用来说明:在人生的大舞台上,人也会根据社会角色的不同来换面具,这些面具就是人格的外在表现。面具后面还有一个实实在在的真我,即真实的人格,它可能和外在的面具截然不同。

在儿童人格形成过程中,儿童文化起着重要的作用。儿童文化或儿童亚文化是指在儿童生活中普遍的价值观念、行为(包括游戏)方式、语言(包括故事、歌谣、音乐等)习惯、思维态度、知识系统等方面的总体。其核心是儿童的价值观念,其他各方面是特定儿童价值观念的外在表现。在儿童早期,其价值观念主要受成人影响;随着年龄的增长,儿童逐渐形成了自己的比较稳定的价值观念,以及相应的一系列行为方式、语言习惯、思维态度等。

儿童文化深受成人文化的影响,但并非成人文化的“雏形”。在儿童的集体生活中,儿童独立地运用、宣传、评价自己文化中的规则。儿童之所以在日常生活中表现出这样那样的人格特质,是因为在其集体生活中这样那样的人格特质是被鼓励的或至少是被允许的。随着社会发展速度的加快,儿童文化作为一种同辈群体文化对儿童人格的影响也越来越大。

健康的儿童人格是健康的儿童文化的产物,而且儿童文化的状况还会影响一个人一生的人格发展,因此,建设积极、健康、和谐的儿童文化是培养儿童人格的重要途径,也是所有关注儿童人格建构的人士的重要职责。

二、儿童人格的结构

人格是由什么来构成的? 它又是怎样构成的? 对于这样一个问题,人格心理学家们提出了各种不同的模式来说明它。最早提出并回答这一问题的是人格心理学家的鼻祖——弗洛伊德。他认为人格结构是由本我、自我和超我构成的。本我是由先天的生物本能所构成,如温饱、睡眠、性需要等,本我会不分时间、场合、不择手段地寻求立刻的满足,它淹没于无意识中,表现为冲动、盲目、非理性,因此,在现实生活中,本我要受到自我的检查。自我是从本我中逐渐分化出来成为一个独立的人格结构的,其作用在于调节现实需求与本我需求之间的矛盾,自我是理想的、合乎逻辑的。超我代表着人格中的道德成分,与本我直接对立,超我遵循的是道德原则,使自己的行为符合社会规范的要求。弗洛伊德的理论读起来似乎深奥,但在现实生活中却常能搜寻到它的影子。例如,一个早上匆忙上学而顾不上吃早饭的学生,上课时感到饥饿,根据本我的原则,他可能会不管不顾地要吃东西,但是社会规范和学校纪律不允许学生在课堂上吃东西,超我会克制自己的这种欲望,生物我(本我)和道德我(超我)出现了冲突,这时现实我(自我)开始调节两者的关系,以适当的方式和场合来满足个体的饥饿需要,如课间吃点东西。

20世纪中叶卡特尔继承了奥尔伯特的观点,他用因素分析方法提出了十六种相互独立的根源特质,分别是:乐群、聪慧、稳定、恃强、兴奋、永恒、敢为、敏感、怀疑、幻想、世故、忧虑、激进、独立、自律、紧张,并制定了《卡特尔十六种人格测验》。卡特尔认为在每个人的身上都具有这十六种特质,只是在不同人身上表现程度不同,所以他认为:人格的差异主要表现在量的差异上,可以对人格进行量的分析。这样就使人格结构更加细化,人格测验也因此而得到完善。

心理学家艾森克从传统的特质理论出发,将因素分析方法和经典的实验心理学方法相结合,确定了自己的人格类型理论。他认为人格结构是由内外倾、神经质和精神质三种类型特质构成的。如果你是标准的、典型的外倾人格,那么艾森克会描述成:开朗的、冲动的和不可抑制的,有许多社会联系,经常参加集体活动。典型的外倾者好交际、喜欢聚会,他们有许多朋友,需要与人交流,不喜欢独自看书和学习。与此相反,内倾的人则是安静的、不与人交往的、内省的,他们喜欢书籍胜于喜欢他人,他们是保守的,除了少数知音外几乎让人敬而远之。第二个维度神经质,在该维度上得分高的人,情感的易变性是外显的,他倾向于过于强烈的情绪反应,

他们在情感经历之后,较难面对正常的、现实的情景,而得分低的人,则似乎能很快从困境中摆脱出来,他们在情感方面很少动摇不定。第三个维度精神质,在该维度上得分高的人,往往被看成是自我中心的、攻击性的、冷酷的、缺乏同情心的、对他人不关心的、冲动的且通常不关心他人的权利和福利,低分者则表现为温柔、善感等特点。

各种各样的人格类型,它的形成受制于许多因素,主要分为遗传和环境两大类……遗传提供了人格发展的生理基础,而环境则是人格发展的外部条件,其中,教育起主导作用。教育分为家庭教育、学校教育和社会教育。对于儿童来讲,自己接触最多、最信任的人是父母,所以,家庭教育对幼儿人格的形成尤其重要。

第二节　儿童良好人格的要素

人格具有客观社会性。人格虽然有个体性,但绝不是孤立的。人是生活在社会群体中的动物,人格是在社会群体交往中体现出来的,同时具有个体性、独特性、相对稳定的心理模式。其中情绪稳定性、外倾性、求异性、随和性是儿童良好人格的要素。

一、情绪稳定性

情绪稳定的人,他们通常是平静的,不容易感到紧张或慌乱。而情绪不稳定性,又译作神经质,是心理学研究中一个基本的人格特质。它是一种经历消极情绪状态的持久倾向。情绪不稳定性得分高的人比一般人更容易体验到焦虑、愤怒、内疚、抑郁这样的情绪。他们应对环境压力能力较差,更有可能将正常情况解释为威胁,将小挫折看成令人绝望的困难。这也是"内化"精神疾病如恐惧症、抑郁症、恐慌症和其他焦虑症(传统上被称为神经症)的一个危险因素。

儿童情绪稳定发展一般要经过不稳定到稳定性逐渐增强这个阶段。学前儿童情绪情感不稳定性较强,一般有 3 个特点。(1)易变性,即儿童的情感很容易受外界环境的支配,如遇到不高兴的事易哭闹,稍加劝导又破涕为笑,所以,这时儿童的情感不够稳定。此外,儿童的情感也易受他人的感染,倘若别的孩子大声叫嚷,他也大声叫嚷;别的孩子表现害怕,他也害怕。随着儿童生活经验的发展和语言能力的发展,儿童情感的稳定性就逐步增强起来。(2)冲动性,即儿童不善于控制、调节自己的情感。如当儿童第一次看到墙上的电插座后表现出很大的好奇心,虽然大人因危险而不让摸,把孩子支开,但是儿童却大哭大闹,执意要去触摸一下。(3)反应不一致,即同一刺激,有的儿童可以反应强烈,有的则无反应。

进入小学以后,儿童的情绪发展逐渐趋向稳定。6 岁左右的儿童,情绪、情感的稳定性有了很大的增强,表现出对父母的爱、对幼儿园老师的依恋,在集体中热爱小朋友,爱做作业如画图;或喜欢讲故事,爱小动物等。其次,情绪、情感的调节能力比过去有了很大的进步,不像过去说哭就哭,说笑就笑,而是能有意地控制自己的情感外露(如疼痛后可忍住不哭),这为今后的个人涵养打下了最初的基础。再有,由于环境需要而产生的情绪、情感开始发生和发展,表现在喜欢与成人一起,成人离开了,就很痛苦;受教育的影响,开始知道什么是好,什么是不好,还知道为什么好和不好,能主动帮助他人,照顾比他小的弟弟妹妹等,这意味着儿童社会性情感中道德感、理智感、美感的形成。此外,也同时出现一些不良的情绪和情感,如当老师表扬某个小朋友时,容易产生嫉妒的情绪,看到别的小朋友穿戴漂亮,他也缠着妈妈要买好看的衣服的虚荣心等,这在教育中应给予留意并正确引导。

二、外倾性

心理学家荣格以人与环境互动模式的不同,将人分为外倾型和内倾型两大类。什么是外倾型人呢? 就是认知世界时,以外在客观事物为核心。这种人容易与外部世界和谐相处,但这种和谐有个限度,那就是止于迷失自我。因为外倾型人很容易忽略内在的自我。

外倾型社会的好处是发扬科学精神、务实精神,注重社会规范和物质文明建设,但弊端也很大。因为在外倾人看来,感悟、精神、心灵等,全是幻觉,不是客观存在。对此,荣格有段很精辟的论述,"只有病态的心灵才会忘记认识必须要有主体,倘若不是因为我知,便没有任何认识可言,便也没有世界可言"。他还说"主观因素是像海洋宽广和大地辽阔一样的具体事实"。对内倾人而言,这的确是一个无可争议的事实,但是他们却无法在外倾的社会形态中得到印证,或者说印证起来非常困难。

内外倾型儿童一般在精力充沛、活泼好动、积极地参与周围的环境和活动等方面差异很大。外向的儿童被描述为好交际、善于表达、兴致勃勃、活跃、有社会影响力,身体活动性强以及精力充沛。

大量早期的个体差异能够预测儿童后期外倾性的一些方面。首先,对诸如微笑和大笑这类积极情绪的问卷或观察能够预测儿童期的外倾性。其次,关于社会抑制的纵向研究表明,婴儿对过度刺激的消极情绪反应能够预测后期的抑制性,同时这种抑制性对于某些儿童来说是稳定的,尤其是那些在这些物质上得分非常极端的儿童。然而,养育行为看来似乎能够调节这些关系,那些接受干涉性的、嘲笑性的或过度保护教养方式的抵制性儿童,比接受其他教养方式的抑制性儿童在抑制性方面表现出更高的跨时间的连续性。

总而言之,外倾性常常首先被定义为体验积极情绪的一种倾向。其次,外倾性还被定义为建立在生物学基础上的行为激活、趋近和促进系统。第三,这种富有成效的外倾性模型代表了一种吸引、保持和享受社会关注的倾向。

三、随和性

随和就是顺从众议,不固执己见。"伊万,26个月大,每天清晨醒来时心情愉悦,然后溜达进厨房吃早饭。但如果他最喜爱的麦片快吃完了,刚刚倒了几粒在碗里,就'没没'了,他也有可能会闹闹小脾气。他的爸爸查克连忙从橱柜里拿出另外一个牌子的麦片,洒进碗里。'嗯!'查克催促道。'你也喜欢这个哦! 我的天,

太好吃啦！快尝尝！'这时,伊万会把勺伸进碗里,把麦片吃个精光!"

近乎 50% 的孩子都算性情随和。他们总是乖乖地醒来,高高兴兴地迎接新的一天。他们活跃,但不狂躁,能够适应变化,喜欢新环境和陌生人。

性情随和的孩子适应能力强。他们能很快地从挫败中恢复过来,微笑面对失败。一旦压力过大,他们能屈能伸,既会直面压力,也会巧妙躲避。

第三节　儿童良好人格的培养

一、家长的人格是孩子的榜样

家庭教育方法的不当会给孩子的身心带来伤害。孩子并不能够正确发出危险信号,父母情绪焦躁、对孩子的爱抚疼爱不够,以及对孩子娇生惯养、过多干预等都会影响到孩子的心理健康,并常常通过身体上的疾病表现出来。当孩子出现肚子疼、恶心、拉肚子、食欲缺乏、头晕眼花、发烧等症状,或有暴饮暴食、失眠、啃指头、咬指甲等异常行为的时候,作为家长,不要只担心孩子的身体健康,还要好好想想这些症状、行为的根源是否在心理上。不要急于给孩子贴上神经过敏、任性、厌学的标签,越是孩子有异常行为的时候,越是要好好观察、了解孩子的时候。做出努力理解孩子的姿态很重要,同时也要请教有经验的医生,孩子愿意跟怎样的人怎样的父母谈心。人都喜欢被别人爱、被别人理解,如果得不到理解而产生的不满积累太多的话,可能会一下子爆发出来,孩子突然大发脾气时,往往连他本人都搞不清是怎么回事。因此,家长要心平气和地分析、对待问题,因势利导。这样才能避免不必要的冲突,使孩子茁壮成长。

榜样的力量是无穷的。作为孩子第一任老师的父母,如果希望把自己的孩子教育好,就应该给孩子树立良好的榜样,以自己的实际行动来感染孩子,这对孩子

的性格形成起到了决定作用。

在中央电视台有这样一则公益广告：一位年轻母亲给病榻上的老母亲洗脚，洗完脚后，这位年轻的妈妈正要休息，她的孩子，一个五六岁的孩子却为这位年轻的妈妈也端来了一盆水。尽管孩子走得摇摇摆摆，但这位年轻的妈妈还是非常感动。当孩子用稚嫩的声音说"妈妈，洗脚"时，年轻妈妈的眼睛湿润了。这位妈妈就是以自己为榜样，教育了孩子。

有人认为，3~7岁的孩子正处于"图谱时代"，即他们把外界的行为模式都看成一些图谱，印入大脑，并照着这些图谱学习各种行为。这就要求父母要为人师表，言正身端。比如，父母要教育孩子讲文明懂礼貌，那父母自己在家庭生活中，在人际交往中，就要注意不说坏话，不讲污秽的语言；在日常工作、学习、生活中也要严于律己，做出榜样。如果父母整天不是打扑克、打麻将，就是爱打扮或多嘴多舌，那又怎能教育好孩子呢？

日常生活中，常常有些父母当着孩子的面互相谩骂，或做出种种粗野的行为。孩子面对这一幕幕粗俗而又污浊的"图谱"，心灵和行为又怎能不偏离良好的道德规范呢？孩子从出世到成年的若干年中，父母在各方面都要为孩子提供大量的行为图谱。父母只有自己身正，才有可能提供各种有良好教育作用的行为图谱，并以此潜移默化地影响孩子。这种影响，也许一时看不出，但日久天长，却有"滴水穿石"的功力。

在一个家庭里，只有父母能自己教育自己时，孩子也才能学会自我教育。没有父母的先锋榜样，一切有关孩子进行自我教育的谈话都将变成空谈。你孝敬老人，孩子才可能孝敬你；你下岗择业时充满自信，孩子才可能在面对挫折时不断进取。榜样的力量是无穷的，家长的人格力量是最重要的教育因素。

因此，要让孩子健康成长，家长就得首先从自我做起，自律、自尊、自重、自爱，不断提高为人父母的本领和素质，有远见，识时务，严于律己，身体力行，努力提高自己的道德水平，成为孩子学习的楷模。

二、遵循人格发展规律塑造儿童的人格

(一)尊重孩子

一个受到尊重,珍惜自己权利的人,跟那些不珍惜自己权利比较起来更容易接受教育,更会做人。所以有人就说过:当父母尊重自己的权利,并能引导孩子珍惜自己的权利时,真正有益的教育才能开始。怎样才能做到尊重孩子呢?

1.尊重孩子首先应该把孩子作为一个独立的个体来看待。孩子无论在家里还是在幼儿园或托儿所,他都会作为集体中的一员去参与一些团体活动,遵守集体规则,希望自己能融入这个集体,可以说这是孩子的群体的塑造。但同时他又是作为一个唯一的、独一无二的、与他人可区分的独立体而存在,可以说这就是孩子的个性所在。尊重孩子就应该支持孩子个性的形成,着力培养孩子的个性,随时仔细观察孩子的行为,倾听他所说的话,多花时间与孩子交流,去发现孩子内在的真实的个性,去了解他的脾气、能力、气质、所厌恶的以及所期望的事情,并且鼓励孩子去发展,追求自己的兴趣爱好及目标。在家中一定要允许孩子有表达自己观点的权利,给予他塑造自己个性的机会。明智的父母能够发现孩子的独特之处,然后顺其个性加以辅助,帮助孩子健康成长。

2.尊重孩子还表现为不能搞强迫教育。对于任何一个人来说,都会厌恶自己做不愿做的事,对于孩子来说更是如此。他们的行为受内心欲望和直接兴趣的支配,孩子自己不感兴趣的事,他是不会做的。如果是在父母的强迫之下不得不做,那么他是很难取得进步的。著名认识论专家皮亚杰认为,强迫工作是违反心理学原则的,而且一切有成效的活动,都必须以某种兴趣为先决条件。所以说父母不应该指示孩子去做什么,而是千方百计让孩子想做,培养他的兴趣,决不能搞强迫教育。

正因为如此,父母不能凭自己的意愿规定孩子学什么内容,也不应该过早地给孩子定下发展的方向,划定框框,硬逼着孩子朝某一专门化道路上发展。父母的责任在于发现并培养孩子的兴趣,为孩子兴趣的发展创造条件,使孩子具有独立性、

创造力以及对问题探讨的执着精神,更为其良好人格的形成创造条件。

3.尊重孩子也表现为尊重孩子的自尊。一些父母认为孩子年龄小,想怎么办就怎么办。孩子有了过失,做父母的不管是否有外人在场,只是辱骂、斥责。他们不知道孩子正处在自我观念的可塑阶段,在这个阶段,父母的评价对其发展相当重要。要是父母经常说他是笨蛋,他就慢慢相信自己是笨蛋。这样,时间一久,孩子的自信心、积极性就会降低。为避免被人嘲笑,他将不再主动做事,不愿意参加任何竞争和比赛,他只想消极处世以求自保。还有一些在家中得不到尊重、信任和温暖的孩子,长大后极可能疏远双亲,而加入不良团伙。因为在那里他们的自尊需要得到了满足。许多经验告诉我们:只有尊重孩子,孩子才能具有高度自尊心,才能形成自信、自尊、自强、努力进取的人格特征,才能在今后的工作中自强不息,创造出奇迹,成长为有用之才。

（二）做孩子的朋友

当孩子有内心的矛盾、冲突需要人来解决,有痛苦需要人来安慰,有快乐需要人来分享时,父母应该成为他们的朋友。孩子是天生的模仿专家,孩子一生下来,就以父母作为模仿对象,到后来,进了幼儿园、学校,老师也会成为模仿对象。但随着孩子一天天长大,他们就逐渐学会独立思考,渐渐有了自己的想法。这时,其模仿的倾向日益减少,对事情产生自己看法的机会增加,从而迫切需要有朋友来沟通、交流、分享。而父母要想继续以自己良好的人格来影响孩子,就必须担当起这个角色,做孩子的好朋友。父母要做孩子的朋友至少应做好以下几个方面:

第一,把孩子视为家庭的平等成员,尊重孩子的人格、尊严,能让孩子独立思考、自由选择。这一点可以说是美国家庭教育的一个最突出的特点,因而美国的孩子独立生活能力相当强。让孩子自由选择也不是说父母就无所作为,父母可以引导,可以帮助分析,但最终的选择权在孩子手里。如果孩子选择错了他能很快改正;如果是父母帮助孩子做出的选择,即使对了他也不一定会做得很好,要是错了,他会怨恨父母,因为责任在父母。

第二，要认真听孩子的意见。父母要与孩子做朋友，家中就不能搞"一言堂"，完全由家长说了算。尤其是遇到与孩子有关的事情，一定要与孩子协商，听取孩子的意见。意见对的要接受，不对的意见要做出解释。当父母就家里的某件事做出决定时，能征求孩子的意见，这一方面有利于孩子的成长，孩子会感到自己是家里平等的一员，从此以后会积极为家庭着想，另一方面也有利于事情本身的完成。

第三，要争取理解孩子，并让孩子理解自己。父母应该给孩子的成长制造一个宽松、和谐的气氛，并努力深入孩子的内心世界，理解孩子的愿望，尊重孩子的选择，支持孩子的正当要求。同时，也要向孩子敞开胸怀，让孩子了解父母的思想，感受父母的喜怒哀乐，与孩子分享自己的困难，共同面对人生中的不幸，让孩子也能从困境中学会坚持，让他们懂得一时的得失，淡然处之，坚持不懈地去调整和适应。这不仅能帮助父母真正成为孩子的朋友，而且有助于父母更好地引导孩子成长。

第四，对孩子成长中的问题多用摆事实、讲道理来解决。不要轻易对孩子的行为做出评价、发指令，尽量引导孩子自己去思考。要多关心他的思想和行为，对于问题应通过谈话、协商取得相互间的沟通和理解，最后求得公正合理的答案。

最后，做孩子的朋友，并不意味着要放弃原则，迁就孩子的错误。我们强调给孩子发展兴趣爱好的自由，但并非自由放任，应该把握一定的尺度，提出严格的要求。确实孩子错了，就不能有任何迁就，一定要严肃指出，并做出相应的解释，以免下次重犯；如果是自己也弄不清楚的地方就不要自以为是、固执己见。自己搞错的地方，要勇于向孩子承认自己的过失，要用自己的言行、作风给孩子做出表率，引导孩子形成良好的人格品质。

我们只要注意一下周围就会发现，那些没有家长架子的父母与孩子相处融洽，这样的家庭培养出的孩子民主意识强，强调公平、自由、科学，注意摆事实、讲道理，有较强的独立思考和积极选择的能力，他们处理问题比较全面，有竞争意识和创新精神；他们为人心胸宽阔，能与人友好相处。而这些方面正是现代社会所应该具备的，所以年轻的父母要争取成为孩子的朋友，扮演好"朋友"这个角色，以便更好地

引导孩子健康成长。

（三）多与孩子交流

想要创造民主、和谐、友好的家庭环境,就必须做孩子朋友,要做好孩子的朋友就应该了解孩子、理解孩子,而交流是了解和理解孩子的手段。曾有一个关于独生子女与父母交谈的调查显示:20.1%的独生子女与母亲天天谈心,而其中非常愿意与母亲交流的比例为48.5%,有15.1%的独生子女与父亲天天交谈,但其中非常愿意与父亲交谈的比例为43.8%。从这个统计数据中我们可以看出,父母与独生子女的交流不够充分。为了更加充分地了解孩子,为了孩子良好人格的形成,父母一定要抽出时间来与孩子交流。

1.挤出时间与孩子交流。时间像海绵里的水,父母不管工作多忙一定要挤出时间关注一下孩子的生活和学习,这一点是非常重要的。交流的途径不仅仅是语言,非语言形式的交流同样能达到沟通的目的,如抚摸一下孩子的脑袋,拥抱孩子和亲吻孩子同样能表达父母的观点、思想与感情。

2.耐心倾听孩子的心声。现在许多家庭,只有对孩子的教育、唠叨及指责,孩子的话父母是否认真听过呢? 有一项研究表明:许多父母在一周之中,听孩子说些什么的时间不到30分钟。所以说,现在我们缺少的不是对孩子的教育,而是缺乏双向沟通,尤其是孩子向我们的沟通。孩子在成长过程中,随时都会遇到问题、挫折而感到失望,这时他希望别人倾听他的诉说,并能提供支持与安慰;同样他也会因为遇到喜事而欢乐,也会希望别人倾听他的心声,同时分享他的快乐。倾听孩子的心声必须做到全神贯注,在听孩子讲话时,不仅要注意他的言语,更要留意他的动作、语调和表情。有一项研究认为:当我们说话时,有90%的意思是通过非语言的符号来表达的。孩子的耸肩、手势、说话时的姿势、语调的高低及脸部的表情,都可能包含了重要的信息,所以我们在听的时候一定要全神贯注。例如,当孩子犯错时,他可能会说"我没有错",但是他会避免跟你进行眼神的接触,耷拉着脑袋,说话时显得底气不足。要是孩子在说话时原有的一些动作不见了,出现了一些新的动作、表情,这说明孩子有一些新的东西在倾诉,一定要用心去听。

3.掌握与孩子说话的技巧。大多数时间里,父母与年幼的孩子讲话时,多采用训斥、说教、批评和命令的口吻,这也说明了为什么小孩子不愿意去听,这样的说教我们也是不愿意去听的。跟孩子谈话,不要说一些简单粗暴的话,让孩子望你止步,他不仅不想听你讲话,也会不再想跟你谈他感兴趣的事情。这样我们就无从了解孩子。所以说父母不要总是指责孩子的不是,可以跟他谈些有趣或令人快乐的事,谈论一些日常生活经验以及对某些事情的想法。另外,与孩子谈话力求简洁,小孩子的注意力是不会持久的,父母一定要在孩子的注意力转移之前停止谈话。有专家认为,父母在进行某一项说明时,应在30秒内结束一个重点,并且要孩子做出反应,提出他的看法。

以上三点是民主型家庭所必须具备的。许多事实表明:一个家庭的氛围影响孩子人格的形成,有的家庭平日里的生活既严肃又活泼,人人讲究文明礼貌,精神生活丰富、充实、高雅、喜欢读书学习,在这样的家庭里生活的孩子肯定会受到良好的影响。而一个人拥有良好的人格特征,对其自身社会性、认知等各方面能力的发展都有重大的作用。所以在家庭生活中,要建立良好的生活环境,促使孩子良好人格的形成,其中家长的作用是关键的,但是只靠家长还不行,必须所有的家庭成员共同努力才行。

儿童的社会交往能力的发展,往往与其个性特点有关。有的孩子不善于交往,甚至有可能发展成对交往的恐惧和缺乏信心,这些都可以从孩子的早期性格特征中找到苗头。腼腆的性格就有可能影响到他正常的交往行为。其实孩子的腼腆是很容易被发现的,但是家长和教师没有给予重视。认识不到这是孩子个性发展中的一种不良现象。用下面的测试就可以了解你的孩子是否腼腆。

1.他不敢见生人?

2.他见到熟人也会局促不安?

3.他不敢回答大人的问题?

4.他说话时常吞吞吐吐?

5.他总是习惯性的驼背?

6.他想淘气时又显得特别胆小?

7.他一向愿意低着头?

8.他怕别人不喜欢自己?

9.他举止很拘谨?

10.他不敢用目光与他人接触?

11.在同龄人中,他不受欢迎?

12.他喜欢独来独往?

13.他手经常揪着衣襟?

14.他常受小朋友戏弄?

15.他常常是别的孩子挑衅的对象?

16.他从不大声哭叫?

17.害怕时,他不是仓皇而逃,而是呆立原地不动?

18.他很少干大人不让干的事?

19.他常摸自己的脸或头发?

20 他是个情感不外露的孩子?

【计分标准】

每做出一个"是"的回答,计 1 分,"否"的回答,计 0 分。

【结果分析】

得分 5 分以下的孩子不存在腼腆个性;得分 6—12 分的孩子存在一定的腼腆个性;得分 13 分以上的孩子腼腆个性十分严重。

儿童优良性格的养成

ERTONG YOULIANG XINGGE DE YANGCHENG

06

第一节 正确认识儿童的性格

第二节 儿童良好性格特征的培养

性格品质决定人的命运，而人的优良性格是早期奠定的。在早期教育中，性格的培养应该放在首位，属重中之重。美国著名心理学家威廉·詹姆士说："播下一个行动，你将收获一种习惯；播下一种习惯，你将收获一种性格；播下一种性格，你将收获一种命运。"性格决定着一个人的交际关系、婚姻选择、生活状态、职业取向以及创业成败等，从而基本上决定着一个人的命运。因此，成功与失败无一不与性格有着密切的关联。

第一节　正确认识儿童的性格

一、认识儿童的性格

西楚霸王项羽是一位著名勇将,凭着勇敢和才干,他创立了伟业。但这个人又有他自命的弱点,那就是他的性格缺陷。他狂妄、刚愎自用,听不进不同意见。最后,只落得四面楚歌,自刎而死的悲剧。你看,一个人的性格缺陷却能导致一个国家的灭亡,你说人的性格重要不重要? 再看《三国演义》里的关公,他是一代名将,为刘备打天下立下汗马功劳,但这个人也有性格的弱点,骄傲自满,自以为是,太讲哥们义气。成事是他,败事也是他,最后,他为自己这性格的弱点而掉了脑袋。

《歌德传》的作者彼谢斯基,在书中生动、具体而精彩地描摹了歌德复杂而多层面的性格世界:"这个人,平常非常温柔忍耐的,竟有时愤怒至咬牙跺脚。他能闲静,又能活泼,愉快时犹如登天,苦闷时如堕地狱。他有坚强的自信,他又常有自卑的怀疑,他能自觉为超人,去毁灭一个世界,但又觉得懦弱无能,不能移动道途中一块小石。"可见,歌德的性格是如此的复杂与矛盾。性格作为一个整体系统是完整的、和谐统一的,但客观现实是多变的、矛盾的,现实对人的要求有时也是多样的、矛盾的。处在充满矛盾的社会生活中的每一个人,其性格结构都积淀正与反、积极与消极、肯定与否定等对立的性格特征,就像歌德的性格世界那样。尽管如此,每个人的性格中总有主导的本质的特征,有着一种一贯忠实于他自己的力量并以此作为他的性格的核心和基础,造成他的性格的总倾向是积极、优秀的,或是消极的。性格的矛盾并不可怕,我们之所以称某人具有宝贵的性格,实乃他能够舍弃、战胜自己的弱点。勇敢者也有怯弱的时候,助人为乐者也有考虑自己的时候,关键在于好的品质战胜了不好的品质,取得了胜利,显示了力量。

　　性格是指人对现实的态度和行为方式中稳定的心理特征,它主要包括四个方面的内容。①理智方面的特征。如思维是具有灵活性、独创性,还是具有刻板性、保守性。②情绪方面的特征。如情绪是强烈、外露,还是温和、内敛等。③意志方面的特征。如在困难、危急等面前表现是坚强、有恒心,还是软弱、放弃等。④对现实的态度。如对他人和集体是热情、友好,还是冷淡、敌对等;对学习是积极、负责,还是消极、马虎等。

　　人们常常把性格分内向型与外向型,这两种类型的人表现也不同。内向与外向是以心理活动的指向性为指标的心理类型。把心理活动指向于外部世界的人格特征称之为外向人格。具有这种特征的人善于把心理活动展现于外,活泼开朗,好表现,关心周围的一切,善变多言,情感外露,自由奔放,当机立断,不拘小节,独立性强,善于交际,有卓越的执行力等。把心理活动指向于内心世界的人格特征称之为内向人格。具有这种特征的人善于隐匿丰富的内心世界,他们沉静,稳重,含蓄,做事谨慎,情感内隐,藏而不露,深思熟虑,顾虑重重,不善交际,好内省,缺乏实际行动,适应环境困难。任何人都会具有内向和外向这两种心理机制,只是看哪一种心理机制占优势,来确定这个人是外向型人格还是内向型人格。还有一类人兼具两种心理机制,哪一种都不占优势,属均衡型人格,我们将其归类为中间型。

我们年少时都看过电视剧《西游记》,唐僧师徒四人鲜明各异的性格给我们留下了深刻的印象。有人对这四人性格进行以下描述,你觉得合适吗?

唐三藏:温驯善良乐善施,正直豁达心地宽,老成持重谨慎行,谦恭有礼守规矩,优柔寡断多善感,坚忍不拔性执着。

美猴王:本领高强爱憎分,疾恶如仇抱不平,聪明机智计谋多,勇敢果断顶天地,暴烈如火性急躁,诙谐幽默喜逗乐。

傻八戒:性懒惰,自吹自擂贪功劳,自私自利好便宜,粗心大意马虎多,轻佻浮躁好女色,阿谀奉承圆滑多。

憨沙僧:貌不扬,忠心耿耿性憨厚,墨守成规少言辞,任劳任怨多勤劳,真诚朴实善忍耐。

上面的唐僧师徒四人中的孙悟空和猪八戒就是典型的外向型性格的人,而唐僧、沙僧则是典型的内向型性格的人。

性格一般都表现出稳定性的一面,但又具有一定的变动性。如孙悟空性格中的活泼好动、多言善辩、喜欢逗乐等是稳定的,但有时他也会表现得安静稳重,甚至沉默不语。同样在生活中,人们也不总是表现出内向或外向的一面,内向的人在一定的场合也会表现出外向的一面,只要适合一定的场合,我们也会觉得很自然,容易接受。人是社会性的动物,在参与各种社会活动时,应当使自己的性格表现即行为举止符合自己所扮演的社会角色的要求,这也是一个人心理健康的重要标准。

二、儿童性格的特征

性格是指一个人对现实的稳定态度和行为方式方面的心理特征。人的性格表现是多种多样的,如诚实、谦虚、善良、勇敢、自豪、果断、虚伪、自负、自卑、怯懦、优柔寡断等,以及对于事业的轻率态度或负责态度,在决定中匆忙或镇静,善于使自己的行为服从于社会的心理或是想成为一个利己主义者,对待人们抱着体贴的态度或漠不关心等。所有这些特点都具有一定的固定性,这都是一个人的性格特点,这些性格的特点表现出对待社会、对待自己的基本态度。

人在生长发育过程中,自身内在的动力与外界环境构成一系列的矛盾,对各种矛盾如何解决反映出一个人的性格。性格主要是在后天环境中形成的,一旦形成之后具有一定的稳定性,但也有一定的可塑性。

　　儿童性格特征分5个时期:(1)信赖——不信赖(婴儿期):此期婴儿的生理需要完全依赖成人及时给予满足。如果婴儿与亲人之间没有建立依赖关系,就可能会产生不安全的心理状态,出现情绪问题。(2)自主感——羞愧及怀疑(幼儿期):此年龄期饮食、大小便均有一定的依赖性,故此时会同时出现违拗性行为、语言及依赖性行为,二者交替出现。(3)主动——内疚(学龄前期):此期生活自理能力进一步提高,主动性加强,但当主动行动的尝试遭到失败时可产生失望与内疚的心情。(4)勤奋——自卑(学龄前):此阶段小儿发现自己有某些方面突出成熟的能力,而且这些成熟,得到社会的认可,如果小儿不能发现自己勤奋的潜力,则将产生自卑。(5)身份感——身份混淆(青春期):当一个人对自己体格、智能、情绪等品质感到满意,有明确的意志与目标,并预知这些品质能得到亲人的认可时,认为已达到了个人身份的建立。青春期儿童的体格、认知能力的发展和社会的要求都在变化,如果在感情问题、伙伴关系、职业选择、道德价值等问题上处理不当,即可产生身份认同感紊乱。

第二节　儿童良好性格特征的培养

一、自尊心的培养

　　自尊心是一个人品德的基础。从小尊重和培养孩子的自尊心是非常重要的。孩子的自尊心像稚嫩的小苗,一旦受到伤害,会留下难以愈合的伤口,甚至会影响他的一生。因此,作为成年人,特别是爸爸妈妈应保护孩子的自尊心,并注意培养

孩子的自尊心。怎样培养孩子的自尊心呢?

第一,不简单粗暴地对待,使孩子在愤恨中失去自尊,而应循循善诱,就事论理,使孩子在不知不觉中建立自尊。孩子有强烈的"自我中心"意识,作为爸爸妈妈要善于抓住生活中的点滴小事,向孩子讲清简单的道理,教育和培养孩子从他人的位置考虑问题的习惯,逐渐摆脱"自我中心"意识,使孩子觉得人与人是平等的,从而懂得只有尊重别人,别人才能尊重自己的道理。

第二,讽刺、挖苦孩子,会使孩子产生自卑而失去自尊,应积极鼓励,适当赞扬或给予奖励,使孩子在自豪中建立自尊。孩子争强好胜,有上进心,并且希望得到成人的赞许,但由于年幼无知,难免出现过错或做事不如大人意。对此,不能过多责备孩子,而应抓住其微小进步,激发孩子的积极性,使他们克服不足,让他们在不断的进步中增强自尊心和自信心。

第三,对孩子冷漠、厌烦,会使孩子在失望中失去自尊,应为孩子创造表现自己的机会,使孩子在满足之中建立自尊。孩子爱表现自己,喜欢做事,更喜欢成功,成人不要怕烦怕脏,让孩子退缩一角,而应尽可能地给他们创造机会,施展他们的才华,并用爱抚的微笑,诚恳的赞许,鼓励孩子进步。这样不但使孩子增强了自信心,还可以培养父母与孩子之间的感情。

第四,对孩子管教过严,会使孩子在畏怯中失去自尊,应把孩子当作独立的主体,使孩子在平等之中建立自尊。父母不要把孩子当成自己的私有品,用命令的口吻跟孩子讲话,用成人的标准要求孩子。作为父母应该鼓励孩子大胆发表自己的见解,鼓励孩子与成人争辩是非,如果成人确实说错了,做错了,应坦诚地承认,并向孩子道歉,使孩子觉得父母是尊重他的,自己也应该尊重父母和别人。

当然,一味地表扬、奖励、赞许孩子,会使孩子产生虚荣心。必要的批评,慎重的处罚,也是培养孩子自尊心的一个很好的手段。它是一种冷却剂,可以使孩子冷静地检点自己的言行,修正自己的错误。培养孩子的自尊心不是一朝一夕就能完成的,成人要有耐心、细心,关心爱护孩子,使孩子的自尊心得到健康发展。

二、自信心的培养

现在不少父母存在一个共同的苦恼,就是孩子缺乏自信心,幼儿阶段是形成自信的重要时期。自信心是孩子成才与成功的前提条件,很难想象一个缺乏自信的人能够真正做成什么事情。一个缺乏自信、充满自卑的孩子,即使脑子很聪明,反应灵敏,但在学习中稍遇困难和挫折就会发生问题。自信心可使孩子不怕困难,积极尝试,奋力进取,取得更多的知识和经验,争取更好的成绩。鼓励、赞扬对增强孩子的自信心是很有益的。培养孩子的自信心,可以从以下几个方面入手:

第一,赏识孩子的点滴进步,多说"你真棒"。比如让4岁的孩子自己穿衣服,不要说:"你现在自己穿上衣服,下午就给你买雪糕。"而只需说:"我想你已经长大了,能够自己穿上它了。"在这样的提示下,他努力穿好了,就会感到自己确实已长大了,就会在此后每天的努力中巩固这种感觉,从而自信心大增。成人的评价对孩子产生自信心理至关重要。幼儿时期,成人对孩子信任、尊重、承认,经常对他说"你真棒",孩子就会看到自己的长处,肯定自己的进步,认为自己真的很棒。反之,经常受到成人的否定、轻视、怀疑,经常听到"你真笨、你不行、你不会"的评价,孩子也会否定自己,对自己的能力产生怀疑,从而产生自卑感。因此,成人必须注意自己对孩子的评价,多为孩子的长处而骄傲,不为孩子的短处而遗憾。

第二,创造机会,在实践中培养孩子自信心。给他一些他一定能完成的任务,比如摆碗、盛饭、给爷爷拿眼镜、到信箱拿报纸等,他做到了就表扬。有时也让他做一些比较困难的事,如洗手绢、擦皮鞋、整理玩具上架等,会做了更要大为表扬,树立他的自信心。早上起床和晚上睡觉要让他自己穿脱衣服,锻炼独立性。需知自信心和独立性要从一点一滴做起,不是抽象的。因此家长应该正确认识到孩子的缺点和优点,正确把握,创设良好的机会和条件让孩子去尝试和发现,发展孩子的各种能力,并在孩子取得成绩时,及时表扬,充分肯定进步,才能

让孩子体验到成功的喜悦,产生积极愉快的情绪体验。

第三,用鼓励的方法培养孩子的自信心。鼓励是培养孩子最重要的一个方面,每一个孩子都需要不断鼓励,就好像植物需要阳光雨露一样。没有鼓励孩子不能健康成长。但我们往往轻视对孩子的鼓励,往往忘记鼓励。许多人错误地认为孩子需要的就是教育,不断地教育,而教育更多的就是灌输和训导。想要鼓励孩子,最重要的两条是:第一,不要讽刺他,使他受到不同程度的打击;第二,不要过分地赞扬他,以免产生骄傲情绪。我们对孩子的教育过程中,必须时刻顾及这一点:不要使孩子失去对自己的信心。同时,我们应该知道,如何鼓励孩子的自信心。

第四,让孩子从成功的喜悦中获得自信心。培养孩子自信心的条件是让孩子不断地获得成功的体验,而过多的失败体验,往往使幼儿对自己的能力产生怀疑。因此,老师、家长应根据孩子发展特点和个体差异,提出适合其水平的任务和要求,确立一个适当的目标,使其经过努力能完成。他们也需要通过顺利地学会一件事来获得自信,另外,对于缺乏自信心的孩子,要格外关心。如对胆小怯懦的孩子,要有意识地让他们在家里或班级上担任一定的工作,在完成任务的过程中培养大胆自信。民主、和谐的家庭气氛像人类赖以生存的阳光、空气那样,无时无刻不在影响着孩子的身心健康和智力发展。

三、责任心的培养

责任心,是指个人对自己和他人,对家庭和集体,对国家和社会所负责任的认识、情感和信念,以及与之相应的遵守规范、承担责任和履行义务的自觉态度。责任心是孩子健全人格的基础,是能力发展的催化剂。父母自身对家庭、对社会的责任心如何,对孩子来说也是一面镜子。从一定角度来说,父母的责任心水平可以折射出孩子的责任心。不可想象,一个对家庭、对社会毫无责任感的父母,而能培养出很有责任心的孩子。

第一,让孩子学会自我服务。许多父母把无限的爱都倾注到孩子身上,对孩子的关怀可以说是无微不至,孩子衣服从来就没有自己洗过,吃完饭就把饭碗推到一边,玩过的玩具随手就扔,被子要让妈妈代叠,洗脚要让妈妈打好温水,写作业要让妈妈给念题目,上学时书包也要让妈妈背……孩子们就这样过着衣来伸手、饭来张口、养尊处优的生活,本来是他们应该自己做的事情全都由家长代劳了,应该自己负的责任全都由家长承担了,难怪孩子们只懂得索取而不懂得付出,普遍缺乏责任心了!因此,培养孩子的责任心首先就要求家长放弃对孩子的溺爱,让孩子去做一些他力所能及的事情,让孩子学会自我服务,让孩子去为自己多承担一些责任,比如玩完的玩具要自己收拾好,自己的房间要自己打扫,穿脏了袜子自己去洗干净,起床后要自己整理床铺,早晚洗漱要自己照顾自己,家庭作业要自己独立完成,自己说过的话不能食言,自己应当做的事情必须有始有终。

第二,让孩子品尝一下苦果。孩子尚处于成长之中,他对一些事情表现出没有责任感也是正常的,因为他许多时候的确不太清楚这样会对他有什么不好的影响,所以为了培养孩子的责任感,家长可以适当地让孩子品尝一下办事情不负责任的苦果,孩子如果一而再地受到了自然后果的惩罚,他自然就会提高警惕,下次做事情的时候自然就不再会马马虎虎、草率了事。比如孩子上体育课忘了穿运动鞋,他打电话央求你给他送去,这时家长就可以拒绝孩子的要求,尽管让他去挨老师的批评好了,孩子尝到了苦头之后就会多长点记性;孩子平时东西喜欢乱拿乱放,提醒他多次也不起作用,某天孩子的作业特别多,而且又急需一本参考书,可是找了半天也没有找到,家长这时不要顾忌影响孩子的作业而帮他找,尽管让他去费时费力地去找好了,反正作业总归是要完成的,他耽误的时间越长他就只能休息的越晚,给他留的印象也就会越深刻。

第三,让孩子参与家庭生活。家庭是孩子发育成长的最重要场所,是孩子日常生活的出发点和归宿所在,而且孩子每天在家里的时间要远多于他在学校和户外的时间,因此培养孩子的责任感可以从家庭这块阵地入手,家长要增强孩子对家庭的主体意识,提升孩子在家庭里的主体地位,让孩子积极地参与家庭生活的方方面

面,让孩子感觉到他不是家里的客人而是主人,当孩子体会到了他在整个家庭里并不是可有可无的,他确实是被整个家庭所需要的时候,他对家庭的责任感便会油然而生。要做到这一点,家长首先必须转变观念,要把孩子当作是与自己地位平等的人,而不能老把他当作什么事情都不懂的小孩子,家里的一些事情,无论是否与孩子直接有关,都可以让孩子发表一下意见,让孩子帮着出谋划策,对孩子提出的好建议好想法要积极采纳并加以表扬和鼓励;家里的家务活也要有一个明确的分工,每天爸爸应当做什么,妈妈应当做什么,孩子应当做什么都要事先规定好,当然孩子可以少承担一些,但绝不能因为怕耽误孩子学习而大包大揽;家长也可以让孩子在家里充当检察官的角色,对家里每个成员的行为进行监督,看看大家做事是否都有责任心;家长还可以在孩子寒暑假期间让他当一段时间的家,这期间家里大大小小的事情,只要不会给家庭带来巨大的损失,都可以由孩子来做主,都可以由孩子来安排,孩子从自己当家长的经历中能够学到许多,也能够提高许多。

四、正直与诚实的培养

正直的品质主要表现在:诚实,言行一致,富有同情心,待人真心真意,有正义感。怎样培养孩子正直的品质呢?

第一,家长以自己的诚信给孩子做出示范。家长对孩子不轻易许诺,许诺者必兑现,言必信,行必果,说话算数。这种"身教"是一种"潜教育",他比"显教育"作用要大得多。孩子的诚信意识,是从他的人生经历中逐步看会学会的。培养孩子诚信意识的第一任教师当然就是父母。孩子不诚信的行为起初往往是从父母那里学来的。所以,要使孩子诚信,家长首先要做到对孩子诚信,说话算数。

一个男孩说:"我爸爸说,只要我考试得了 100 分,星期天就带我去公园玩。我真的考了 100 分,爸爸却说他没时间。"一个女孩说:"我妈妈说,写完作业就让我出去玩。我写完了,妈妈却不让我出去玩了,说再让我做 10 道练习题再出去玩。我就不想再做了。"

孩子会从这些家长言行中得到一些经验:大人也是会失信的;撒谎也是允许

的，为了达到目的，用许诺来骗一下对方也无妨。家长们就是这样一次次"说话不算数"，失去了孩子的信任，也失去了自己在孩子心中的威信。孩子也慢慢从这些小事中学会了不诚信。

家长失信于孩子，害处相当大。首先，这让孩子觉得，一个人说话可以不负责任，答应的事也可以不办。于是从小就养成了"轻率承诺"的坏习惯，长大后就会因为"失信"而失去朋友对他的信任。其次，家长会因此失去自己在孩子心目中的威信。家长的威信从哪里来？主要基础就是自己的言行。说话算数、说到做到的家长，会使孩子重视他们所说的每一句话，从小向他们学习"言必信，行必果"。

所以，家长不要在孩子面前胡乱夸口，不要胡乱许诺，不随便许愿，不要为了达到自己眼前的目的就随便地答应孩子的任何要求。当孩子提出要求时，你一定要认真想一想，这种要求是不是合理、能不能兑现。如果是合理的、能兑现的，你就认真地承诺，然后让孩子不断提醒自己履行承诺，一定兑现。万一因特殊情况没能履行承诺，失信于孩子，家长应及时向孩子说明情况或做出道歉，并和孩子一起商量用什么形式弥补，不能敷衍了事。要让孩子感觉到，诺言是沉重的，许诺应十分谨慎。

第二，告诫孩子，对人承诺时一定要三思而后行。我国古代大哲学家老子说过一句话："轻诺必寡信"。所以我们应该告诫孩子，在承诺别人之前一定要慎重，要三思而后行，要考虑它的可行性，要留有余地，不要随便许诺又随便失信。考虑自己确实能够做到的再答应别人；一旦答应了的事情，就要千方百计地去做好。这样你才能不失信于人，你才能值得别人信任。轻易就承诺别人的人往往是没有信用的人。没有信用的人很难有朋友，也很难取得事业的成功。

第三，当孩子说了谎时，家长要进行正确地引导和教育。世上因为这样那样的事情，几乎没有不说谎的人。尤其是我们的孩子，年龄小，他们还没有形成正确的世界观、人生观，说谎较之成人更是容易，但他们说谎的原因也比较单纯。比如：说谎可以免受惩罚，说谎可以讨父母或者老师欢心，说谎可以获得某种利益需求等。

作为家长,我们不要因为孩子说谎,就大动干戈抑或棍棒相加,而是要冷静分析,区别对待,并加以正确且积极地引导,让我们的孩子认识到,说谎是错误的行为,说谎是不诚信的表现,说谎是要付出代价的。孩子说谎,骗人,起初往往是从说谎得了便宜开始的。但无数事实证明,骗人最终只能是害了自己。正如林肯所说:"你能欺骗少数人,你不能欺骗大多数人;你能欺骗人于一时,你不能欺骗人于永远。"

当孩子犯了错误时,要引导孩子勇敢承认错误,冷静分析错误,主动承担因自己的错误造成的后果,争取"把坏事变成好事"。家长千万别帮着孩子掩饰错误,推脱责任。要让孩子知道:欺诈,最多能使你占一两次小便宜;知识和技能,才是你终生的谋生手段;诚信的品质,将成就你永远的英名和事业。

第四,要营造诚信的环境氛围。夫妻之间,朋友之间,与父母、同学之间,同事之间,我们都要做到真诚待人,诚信做事。不以言小而失之,不以事小而敷之,要做一个公正诚信的人,首先要学会区分正确与错误、光荣与耻辱、公正与偏狭、诚实与欺诈。在家庭日常生活中,要通过讨论分析现实事例来培养孩子这些价值观。例如,孩子向你提到一个同学从别人的包里偷了一个玩具,你就可以和孩子一起讨论分析偷窃的性质和后果;当你发现孩子在学校抄袭了别人的作业,你就可以与孩子一起讨论诚信的话题。当孩子勇于承认自己错误的时候,家长不要对孩子全盘否定,不要让孩子因有了错误就自我否定,妄自菲薄,一蹶不振。要让孩子知道自己的价值所在。要让孩子理解:承认错误、改正错误,是为了历练自己,完善自己。孩子长期在这样的环境氛围熏陶下,诚信的品质就会逐渐形成。

此外,还要让孩子理解"善意的说谎"。诚实的基本要求是不说谎,不骗人,但要告诉孩子,在复杂的社会和人生过程中,目的和手段会有一定的区别。医生为了减轻病人的痛苦,以利于治病救人,往往向绝症病人隐瞒病情,编造一套谎话给病人,他表现的不是虚伪,而是更高更深层次的诚实。只有智慧、德性和能力达到高度统一的人,才能表现出这种高深层次的诚实美。

　　自信心对孩子健康成长和各种能力的发展,都有十分重要的意义,幼儿期的自信心对一个人一生具有举足轻重的作用。自信心是人成长过程中对情商影响最大的一个因素,自信心强,则交流能力、理解能力、判断能力都能有长足的发展,相反,自信不足进而造成自闭,对成人后的世界观、人生观都会产生消极影响。一起做做儿童自信心测试题吧。

1.我常常会突然感到疲劳。

2.我常常怀疑自己没锁上门就出去了。

3.我常常无缘无故地感到不痛快。

4.有人突然来找我,我很难一下子高兴起来。

5.我在突然听到敲门声的时候总是先感到害怕。

6.我常常做梦。

7.我常常迅速做出某项决定,从不翻来覆去地考虑个没完。

8.我发现自己的衣服脏了,可也只能这样出门,这种情况我总是感到不愉快。

9.我喜欢结交新朋友。

10.我常常会遇到这种情况:打算好了出去玩,临出门又突然不想去了。

11.在夜里,有时我会因为感觉到饥饿而醒来。

12.我有时希望独自一个人待在某一个地方。

13.平时走进教室,我总是愿意找一个人多的地方坐下来。

14.我常常会想起几个月前甚至一两年前自己做得很糟糕的事情。

15.我很乐意成为大家注意的焦点,不论是在说笑、游戏还是学习的时候。

16.看到最近自己的照片,我总是感觉很不满意。

17.早上起来照镜子,我总觉得自己长得挺漂亮的。

18.参加任何选举,我都不在乎自己得到的票数。

19.我经常埋怨学校离家太远。

20.遇到难题做不出来,我只想等老师讲,不愿意问别人,哪怕一直不知道解法。

【计分标准】

下表中的答案计分栏中,A＝1;B＝0表示这道题选A得1分;选B得0分,其他题依此类推。

127

题号	答案计分		题号	答案计分		题号	答案计分	
1	A = 1	B = 0	8	A = 0	B = 1	15	A = 0	B = 1
2	A = 1	B = 0	9	A = 0	B = 1	16	A = 1	B = 0
3	A = 1	B = 0	10	A = 1	B = 0	17	A = 0	B = 1
4	A = 1	B = 0	11	A = 1	B = 0	18	A = 1	B = 0
5	A = 1	B = 0	12	A = 0	B = 1	19	A = 1	B = 0
6	A = 0	B = 1	13	A = 0	B = 1	20	A = 1	B = 0
7	A = 0	B = 1	14	A = 1	B = 0			

【结果分析】

0~7分：显示孩子非常自信。

得分处于这一分数段的孩子做事情基本上都是依靠自己的判断，很小就已经有了比较强的独立精神，可以非常好地把握自己的行动和思维方向。但从另一个角度来说，这些孩子有时会对自己不熟悉的东西过分自信，或者有些不愿意承认错误，家长必须更好地引导他们，让他们在保有自己独立自信的优点的同时，思考问题时更多地接纳别人的意见，而不完全是自己说了算。当然对于本测验来说，有一个因素是需要考虑的，是不是在答题过程中家长有明显的好恶倾向呢？孩子经常会根据家长的态度来决定自己的答案，尤其对于自信心测验更要注意这一点。

8~14分：显示孩子的自信心程度一般。

得分处于这一分数段的孩子在很多情况下不愿意主动做决定，但是当情况所迫的时候也可以很好地拿定主意。他们需要的是对自己能力的正确认识，适当进行一些增强自信心的训练，有助于孩子更好地适应未来的生活。

15~20分：显示孩子的自信心比较差。

得分处于这一分数段的孩子经常无法用客观的眼光看待事物，经常会怀疑自己的能力，遇到事情退缩，而且遇事退缩已经成为他们固定的思维方式。如果不抓紧进行一些有益的自信心训练，这种思维方式就会逐渐影响孩子的个性、智力、情绪等多方面的正常发展。家长应该在平时加强对孩子自信心的训练，从正确认识自我，激励自我开始，让孩子学会积极的生活态度，珍爱自我，赞许自我，从而增强自信心。

儿童的不同气质类型

ERTONG DE BUTONG QIZHI LEIXING

07

据凤凰网2011年2月21日报道：著名的儿童精神病医师、《具有挑战性的孩子》一书的作者斯坦利·L.格林斯潘，从有关儿童发展的经典研究中发现在孩子们身上主要表现出5种不同的气质类型，每种气质类型都有其各自的长处。格林斯潘认为母亲如果能提升自己的洞察力、发挥孩子的天赋特长，那么即使是最顽劣的孩子也可以在您的帮助下行为得到改善。其中的关键就在于要善于把那些挑战转化为机会。

第一节　正确看待儿童的气质

一、了解儿童的气质

在国外的一座戏院，刚巧在开场的一刻，来了四位先生。第一位急匆匆奔到门口，就要入内。看门的人拦住他说："已经开演了，根据剧院规定，开场后不得入内，以免妨碍其他观众。"这位先生一听，立刻火冒三丈，与看门人争吵起来……正当他们吵得不可开交的时候，走来了第二位先生，看见看门人吵得门也顾不上看了，灵机一动，立刻侧身溜了进去。第三位先生走到门口，见状，不慌不忙，转回门外的报摊上，买了张晚报，坐在台阶上读起报来，他心中自有算盘："看戏是休闲，看报也是休闲，看不了戏，看看报也不错，"倒也自得其乐。等到第四位先生走到门口时，见看戏无望，深深叹了口气，掉转头去，自言自语道：嗨！我这人真倒霉，连看场戏都看不成……他越想越难受，干脆坐在门口叹息起来。

这四位先生恰好代表了四种典型的气质类型。

第一位先生是胆汁质,又称不可遏止型。这种气质类型的特点是:精力充沛,能经得住强刺激;主动与人交往,乐群性高;直率急躁,情绪难以控制;思维、语言、动作反应快,但不灵活,不准确。性情粗豪,宽宏大量。《三国演义》中的猛张飞,《红楼梦》中的史湘云、晴雯是这种类型的代表。

第二位先生是多血质,又称活泼型。这种气质类型的特点是:活泼好动;善于交往,容易适应新环境;容易接受新事物,兴趣易转移;情绪发生快,但体验不深刻。思维敏捷,随机应变,热情奔放。《三国演义》中的关羽是这种类型的代表。

第三位先生是黏液质,又称安静型。这种气质类型的特点是:安静稳重,交往适度;善于忍耐,能克制自己;注意稳定不易转移;情绪慢而微弱,不易外露;思维、动作反应慢但不灵活。这种人城府极深,老谋深算多阴险令人难以防范。如《三国演义》中的刘备、司马懿。《红楼梦》中的王夫人、袭人。

第四位先生是抑郁质,又称弱型。这种气质类型的特点是:好静但孤立;情绪发生慢不外露,体验特别深;动作反应慢但准确;注意自己的内心世界,性格内秀。如《红楼梦》中林黛玉,动辄对花流泪,对月伤情。多愁善感,封闭孤立。

现实生活中,上述的四种典型气质是不多见的。多数是混合型气质。

不同的人在行为和心态方面的差异很大,这种差异在很大程度上是气质差异的表现。这里“气质”不同于我们日常生活中所理解的“气质”“风度”,心理学所认为的气质是人的心理活动动力特征的外部表现,通俗来说就是我们平常谈到的禀性、脾气。气质是人的高级神经活动特征的表现,可以说是与生俱来的。在出生的最初阶段就可以观察到一个人的气质特点。例如,有的婴儿比较活泼好动,哭声响亮,对外界刺激反应迅速;有的则比较安详宁静,声音细微,对外界刺激反应比较慢。这些与生俱来的气质特征构成了每个人的心理活动的独特风格。当然,由于生活环境的影响,先天的气质的表现形式会发生一定的改变。

气质在社会评价上没有好坏之分。因为气质只能使人的心理活动染上某些独

特的动力色彩,而不能决定个人活动的社会价值和成就的高低。任何一种气质类型都有积极的一面,也有消极的一面,都有可能形成优良或不良的品质。因此,一方面,我们不必去模仿别人,抱怨自己的不足,我们应该竭尽所能去挖掘和利用现有的气质,对自己说:"只有一个我,我就是我,做真实的我。"另一方面,我们也应尊重他人,尤其是与自己不一样的人,求同存异,和谐共处。

二、了解儿童气质的类型

关于气质的学说,早在古代就已经出现了。古希腊医生希波克拉底(Hippocrates,公元前 5 世纪)被认为是气质学说的创始人。他认为人体内有四种体液:血液、黏液、黄胆汁和黑胆汁。这四种体液在人体内的不同比例就形成了人的不同气质:胆汁质、多血质、黏液质和抑郁质。希波克拉底描述了气质的类型,但不能对这些类型进行科学的解释。

巴甫洛夫发现高级神经活动的兴奋过程和抑制过程在强度、均衡性和灵活性等方面具有不同的特点,这些特点的不同组合就形成了不同的高级神经活动类型。他认为这种类型特点表现在人的行动方式上,就是气质。

现实生活中,属于典型气质类型的人并不多见,多数人属于某一种气质类型的一般型或两种气质类型的混合型。四种气质的典型特征如下:

胆汁质:直率热情,精力旺盛,脾气急躁,情绪兴奋性高,容易冲动,反应迅速,心境变化剧烈,具有外倾性。多血质:活泼好动,反应灵敏,乐于交往,注意力易转移,兴趣和情绪多变,缺少持久力,具有外倾性。黏液质:安静,稳重,沉着,反应缓慢,沉默寡言,三思而后行,情绪不容易外露,注意力稳定而较难转移,善于忍耐,偏内倾性。抑郁质:情绪体验深刻,行动迟缓,具有较高的感受性,善于觉察他人不易注意的细节,富有幻想,胆小孤僻,具有内倾性。

四种气质类型的特征在行动方式上的表现,主要是:多血质的人活泼,对外界刺激反应迅速,情绪兴奋性高,具有外倾性;胆汁质的人的特点是富有精力,情绪兴奋性高且比较强烈,反应迅速,具有外倾性;黏液质的人一般表现安静,动作迟缓,反应速度慢,情绪兴奋低,较少在外部表现心理状态,即具有内倾性;抑郁质的人一般表现不够活泼,对外界刺激反应不强烈,反应速度慢,情绪兴奋低,具有内倾性。

这些气质类型的典型特征,在日常生活中虽然可以遇到比较鲜明的代表人物,但大多数人是近似于某一种气质,同时又具有其他气质的某些特点。一个人的气质具有极大的稳定性,它使人的整个心理活动都染上了独特的色彩。例如,一个具有情绪易于激动这种气质特征的学生,在受到老师表扬时,往往兴高采烈,喜形于色;在文娱表演或体育比赛前常常坐立不安;在考试时容易心慌意乱;与同学讨论问题时也显得言辞激烈,情绪激昂。我们在判断某个学生的气质时,主要的并不是一定要把他硬划到某种类型里去,而是要观察和测定他具有哪些气质特点,这些特点使他的行动方式带有什么样的色彩,以便对他进行有效的教育。

第二节　根据儿童的气质类型促进心理发展

一、儿童性格与气质的异同

气质是人的高级神经活动类型特点在行动方式上的表现,它使人的性格的表现形式具有显著的个人色彩,也就是说它影响人的心理活动的速度和稳定性(例如知觉的速度、注意集中时间的长短)、心理活动的强度(例如情绪的强弱等),以及心理活动的指向性(有的人倾向于外部事物,有的倾向于内部)。

气质在童年时期表现得较为明显。孩子越大,他与生活环境的相互关系也越复杂,因而他经受生活环境的影响也越多,某些气质特点也就为后天获得的特性所"掩盖"。气质和性格的关系是很复杂的,大致有三种情况。

(1)有些性格特征在各种气质的人身上都可能形成,气质只是赋予这些特征以某种"色彩"。例如不同气质的人,可以同样形成勤劳这一种对待劳动态度的性

格特征。但是它的表现形式就会不一样。

（2）气质可以影响另一些性格特征的形成、发展速度。例如，自制这个涉及意志力的性格特征，有人表现是经过了很大的克制和努力，有人表现则比较自然、比较容易。

（3）有些性格特征则具有较多的动力性质，鲜明地表现着气质的特点，例如引起情绪反应的快慢和情绪活动的强弱等。

气质的特点表现在人的各种活动中，但它并不影响人的行动的方向和内容。一般不能把某一种气质看作是积极的，而把另一种气质看作是消极的。各种气质都有它积极的一面，也有它消极的一面。这要联系这个人的整个个性特点及其在活动中的社会意义来评定。因此，有些人认为某种气质类型的人只适合于做某类工作，这是没有什么科学根据的。例如认为黏液质的人能够严格地恪守既定的生活秩序工作制度，他们是"实际劳动者"；抑郁质的人做单调工作最好，这些人应从事简单的操作；而多血质、胆汁质的人善于"社交"，似乎是天生的"组织者"。这完全是对气质的一种误解。人的气质特点并不影响人的活动质量。各种气质类型的人，在同样性质的活动中，都可以获得好的成绩。[①]

二、不同气质类型儿童教养方法

气质，是人的心理特征之一，主要表现在人的行为、思维、情绪、意志、性格、脾气等方面的差异上。气质受先天遗传因素的影响很大，在婴幼儿时期就表现得很突出。

通过归纳，儿童的气质类型基本可分为三类：一是麻烦型又称困难型，主要表现为，生理节律不规则，适应性差，过于敏感，易于激动不安，自制能力差，情绪低落，脾气古怪，固执，与他人难以相处。二是迟钝型：表现有不活泼，行动迟缓；对事物缺乏兴趣，无探索精神和竞争性；学习能力差；表情淡漠，郁郁寡欢；适应性差。三是易养育型：表现为活泼可爱，热情大方，易与他人相处；生理节律有规则；适应

---

① 伍棠棣，《心理学》，人民教育出版社，2003 年第 3 版。

性强;反应敏捷,平时情绪良好。

气质对儿童的身心健康发展有着重大的影响。气质作为一种个性心理特征,具有稳定性强、不易发生改变的特点。但是,也不是完全固定、一成不变的,仍然具有一定的可塑性,尤其是在儿童期,可以因势利导,通过各种教养手段,发展良好的气质类型,改变不良的气质类型,使儿童的身心能健康发展。

气质类型为一种个性心理特征,在每个儿童身上的表现是不一样的,所以,教养也应因人制宜,方可取得效果,否则会事倍功半。

易养育型的儿童,绝不能认为孩子具有良好的个性品质就可以放任自流,忽视教育,而应发扬其积极因素,避免不利因素的影响,否则孩子也容易染上不良的个性品质。

如果孩子属于迟钝型气质,教养的措施主要是加强教育,给予良性的环境刺激,激发起孩子对外界事物的兴趣和热情。要一点一滴、坚持不懈地对孩子进行其所缺乏的良好个性品质的灌输和教育。对孩子切忌漠不关心、不闻不问,而应关心体贴。

对麻烦型儿童的教养的确是比较困难的,常会给父母带来许多烦恼和不安。对这种孩子的教养,要针对具体情况,视其表现不同而采取区别对待进行教育。例如情绪低落或脾气古怪的孩子,父母要在生活中给予更多的体贴、关怀和照顾,要多让他与活泼可爱、热情大方的孩子接触,激发他的欢乐情绪,使他感到生活的美好。这种孩子自尊心特别强,因此应避免在公共场所指责他。

总之,对不同气质的孩子的教养是一个很复杂的问题,除了父母之外,其他与儿童有关的教师、医生等社会工作者也应对此引起重视。同时还不应忽视如何发挥儿童特别是已经比较懂事的孩子的自身积极性,通过教育使他认识自己的气质特点,学会有意识地控制自己气质中消极的方面,培养、发展积极的方面。

我的气质

说明:本测验共有 60 个问题,在回答这些问题时,要实事求是,平时怎样想的、怎样做的就怎样填写。你认为:很符合自己情况的记 2 分;比较符合的记 1 分;介于较符合与较不符合之间的记 0 分;比较不符合的记 -1 分;完全不符合的记 -2 分。将分数计入记分表中。

1. 做事力求稳妥,不做无把握的事。

2. 遇到可气的事就怒不可遏,要把心里话全说出来才痛快。

3. 宁肯一个人干事,不愿很多人在一起。

4. 到一个新环境很快就能适应。

5. 厌恶那些强烈的刺激,如尖叫、噪音、危险镜头等。

6. 和人争吵时,总是先发制人,喜欢挑衅。

7. 喜欢安静的环境。

8. 善于和人交往。

9. 羡慕那种善于克制自己感情的人。

10. 生活有规律,很少违反作息制度。

11. 在多数情况下情绪是乐观的。

12. 碰到陌生人觉得很拘束。

13. 遇到令人气愤的事,能很好地自我克制。

14. 做事总是有旺盛的精力。

15. 遇到问题总是举棋不定,优柔寡断。

16. 在人群中从不觉得过分拘束。

17. 情绪高昂时,觉得干什么都有趣;情绪低落时,又觉得干什么都没有意思。

18. 当注意力集中于一事物时,别的事物很难使我分心。

19. 理解问题总比别人快。

20. 碰到危险情景时,常有一种极度恐惧感。

21. 对学习、工作、事业怀有很高的热情。

22. 能够长时间做枯燥、单调的工作。

23.符合兴趣的事情,干起来劲头十足,否则就不想干。

24.一点小事就能引起情绪波动。

25.讨厌做那种需要耐心、细致的工作。

26.与人交往不卑不亢。

27.喜欢参加热闹的活动。

28.爱看感情细腻,描写人物内心活动的文学作品。

29.工作学习时间长了,常感到厌倦。

30.不喜欢长时间谈论一个问题,愿意实际动手干。

31.宁愿侃侃而谈,不愿窃窃私语。

32.别人说我总是闷闷不乐。

33.理解问题常比别人慢些。

34.疲倦时只需短暂休息就能精神抖擞地重新投入工作。

35.心里有事,宁愿自己想,不愿说出来。

36.认准一个目标就希望尽快实现,不达目的,誓不罢休。

37.和别人同样学习、工作一段时间后,常比别人更疲倦。

38.做事有些莽撞,常常不考虑后果。

39.别人讲授新知识、新技术时,总希望他讲得慢些,多重复几遍。

40.能够很快地忘记那些不愉快的事情。

41.做作业或完成一件工作总比别人花的时间多。

42.喜欢运动量大的剧烈活动,或参加各种文体活动。

43.不能很快地把注意力从一件事转移到另一件事上去。

44.接受一个任务后,就希望把它迅速解决。

45.认为墨守成规比冒风险强些。

46.能够同时注意几件事物。

47.当我烦闷的时候,别人很难使我高兴起来。

48.爱看情节起伏跌宕、激动人心的小说。

49.对工作抱认真严谨、始终如一的态度。

50.和周围人的关系总是相处不好。

51.喜欢复习学过的知识,重复做已经掌握的工作。

52.希望做变化大、花样多的工作。

53.小时候会背的诗歌,我似乎比别人记得清楚。

54.别人说我"出语伤人",可我并不觉得这样。

55.在体育活动中,常因反应慢而落后。

56.反应敏捷,头脑机智。

57.喜欢有条理而不甚麻烦的工作。

58.兴奋的事常常使我失眠。

59.别人讲新概念,常常听不懂,但是弄懂了以后就很难忘记。

60.假如工作枯燥无味,马上就会情绪低落。

胆汁质	题号	2	6	9	14	17	21	27	31	36	38	42	48	50	54	58	合计
	得分																
多血质	题号	4	8	11	16	19	23	25	29	34	40	44	46	52	56	60	合计
	得分																
黏液质	题号	1	7	10	13	18	22	26	30	33	39	43	45	49	55	57	合计
	得分																
抑郁质	题号	3	5	12	15	20	24	28	32	35	37	41	47	51	53	59	合计
	得分																

解释:

如果某气质得分明显高出其他三种,均高出 4 分以上,则可定为该类气质。如果该类气质得分超过 20 分,则为典型;如果该类得分在 10~20 分,则为一般型。两种气质类型得分接近,其差异低于 3 分,而且又明显高于其他两种,高出 4 分以上,则可定为这两种气质的混合型。三种气质得分均高于第四种,而且接近,则为三种气质的混合型。如四栏分数皆不高且相近(<3 分),则为 4 种气质的混合型。多数人的气质是一般型气质或两种气质的混合型,典型气质和三种气质混合型的人较少。

儿童良好人际关系的建立

08

良好的人际关系对个人的发展与成功都显得十分重要。美国卡耐基教育基金会对成功人士的研究发现，"一个成功的人，15%靠专业知识，85%靠人际关系与处世技巧"。美国总统罗斯福也曾说：成功公式中，最重要的一项因素是与人相处。倘若儿童在社会化过程中，人际互动的社会技巧未朝正向发展，表现任性、事事以自我为中心、不合群、霸道、有攻击性等行为，这样的孩子在团体中往往不受欢迎，很难有良好的人际关系互动，因而丧失了人我之间的信任感及安全感，爱与尊重的基本需求自然是无法得到满足，这样的孩子很容易进一步转变为情绪的困扰，也有可能影响身体生理的健康，甚而影响人格发展与未来社会生活的适应。因此，儿童良好人际关系的建立应从小开始。

第一节　儿童人际关系及其影响因素

一、儿童人际吸引的奥妙

20 世纪 60 年代,心理学家扎琼克做过实验:先向被试出示一些照片,有的出现了二十多次,有的出现了十多次,有的只出现了一两次,然后请被试评价对照片的喜爱程度。结果发现,一个人的照片被呈现的次数越多,被试对其越熟悉,他们也越倾向于喜欢照片上的人。

这种对越熟悉的东西就越喜欢的现象,心理学上称为"多看效应"。在人际交往中,如果你细心观察就会发现,那些人缘很好的人,往往将"多看效应"发挥得淋漓尽致:他们善于制造双方接触的机会,以提高彼此间的熟悉度,然后互相产生更强的吸引力。人际吸引难道真的如此简单?

人究竟为什么喜欢别人或为别人所喜欢呢? 心理学家通过广泛研究后认为,人际吸引的条件主要在于吸引人的个人特征、熟悉、相似与互补等方面。

(一)个人特征

吸引人的个人特征包括仪表、才能及个性品质等。个人的仪表包括长相、仪态、风度、穿着等,这些都会影响人们彼此间的吸引。尤其是在初次见面时,由于第一印象的作用,仪表因素在人际交往中占重要地位。虽然很多人都明白"人不可貌相"的道理,但是在人际交往过程中,人们往往还是难以摆脱仪表所起的微妙作用。

仪表之所以能成为影响人际交往的一个重要因素,是因为爱美是人类的天性。美丽的仪表能够使人产生身心愉悦感,容易对交往对象产生好感。更为重要的是,仪表的美丑往往会产生晕轮效应,即由一点而推及其他。所以,美丽的仪表往往会使人认为这个人还有其他一系列的优点,反之亦然。西方心理学家的研究表明,即使执法如山的法官在法庭上给罪犯判决时,也难免受到仪表因素的影响。心理学家赛格尔(H.Sigall)和奥斯特夫(N.Ostove)的研究证明,法官的判决受到罪犯仪表的影响极大。对犯同样罪行的盗窃犯,外貌漂亮的平均被判刑2.8年,而不漂亮的平均为5.2年。不过,对于诈骗犯、性犯罪者的处罚则有所不同。法官们似乎认为,越是漂亮的诈骗犯、性犯罪者(多指女性),越应该重判。可见,仪表在人际交往过程中起了不可忽视的作用。但是研究也表明,随着交往时间的增长,双方了解的程度加深,仪表因素的作用也会越来越小,人际交往的吸引力将从外在的仪表逐渐进入人们内在的品质。

一般来说,一个人的才能出众或有某方面的专长,对别人就有一种吸引力,使人愿意与他交往。那么是否人越聪明能干就越招人喜欢呢? 社会心理学家阿伦森(E.A.Ronson)的研究结果显示:一个极其聪明能干的人,会使人感到高不可攀,敬而远之,人们往往不敢与之交往。相反,有小缺点的才能超群者往往更受人们喜爱。

在影响人际交往的诸多个人特征因素中,个性品质是最重要的因素。在人际交往的初期,一个人的仪表往往具有较大的影响,但随着交往的加深,这种影响会逐渐减弱,而个性品质的影响则逐渐增大。同外表美相比,优良的个性品质具有更持久的人际吸引力。有调查结果表明,多数学生把"诚实坦率""品德高尚"与"聪明有才华和富于创造精神"作为择友的首要标准,其他受到重视的品质为:尊重别人、看重友谊、兴趣广泛、助人为乐和风趣幽默等。

(二)空间距离因素

俗话说:"远亲不如近邻。"这说明空间距离是形成密切的人际关系的一个重要条件。因为距离近,使双方交往和接触的机会增多,彼此间更容易了解熟悉。如同班、同组、同院的人更易成为朋友。美国心理学家费斯廷格(L.Festinger)等人调查研究了一个区域里的友谊模式,他们向 17 座独立的二层楼房里的住户提出询问:"在该区社交活动中你最亲近的是哪 3 个人?"结果发现:居民与住得最近的人更亲近,最容易建立密切的友谊关系。其中有 41% 的人选择了隔壁的邻居为朋友,22% 的人选择了隔一个门的邻居为朋友。由此可见,空间距离的邻近是密切人际关系的一个非常重要的条件。

当然还不能说距离的邻近一定具有吸引力。我们知道,自己所喜欢的人往往是邻近的人,而自己厌恶的人,也有邻近的人。邻近性是相互吸引的一个重要条件,但不是充分必要条件。

(三)交往频率因素

人们接触的次数称为交往频率。交往的次数越多,越容易具有共同的经验、共同的话题和共同的感受,因而越可能建立密切的关系。尤其对素不相识的人来说,交往频率在形成人际关系的初期起着重要作用。

在心理学家荣克(R.Zajonc,1968)的一个实验中,他让几名女性被试"无意"地碰到五个陌生的妇女。实验不允许被试和这五个妇女直接接触,而这五个妇女露面的次数有的多,有的少,然后要求被试回答他们喜欢哪一位妇女。结果发现,被试喜欢的人与对方露面的次数有关。最喜欢出现了十次的,较不喜欢只出现了一次的妇女。类似的实验做过多次,都说明交往频率也是增进相互吸引的一个因素。

当然,交往的内容和态度在人际交往中也是至关重要的,如无诚意,只是停留在一般应酬上,即使交往频率高,那也只是貌合神离,人际关系也不会真正密切起来。

(四)相似性因素

相似的因素有很多,包括年龄、性别、学历、兴趣、性格、气质、态度等。研究表明,在教育水平、经济收入、籍贯、职业、社会地位、社会价值、资历等方面相似的人们容易相互吸引。在相似性因素中,态度是最重要的因素。例如在政治观、宗教信仰、对社会现象的看法等方面比较一致的人,在情感上更为融合,即所谓志同道合,情投意合。

相似性有助于人际交往,这是因为:首先,各种相似的因素使人具有较多的共同参与社会活动的机会,因而人们接触较多,容易熟悉和相悦;其次,相似性可使交往双方产生一种社会增强作用,能满足双方共同的需要;最后,相似性可使人与人之间的意见容易沟通,由于较少有沟通上的障碍,可减少误会、曲解和冲突,从而有利于维护良好的人际关系。人们通常所说的"物以类聚,人以群分",就是这个道理。

(五)互补性因素

所谓互补是指人的个性表面的差异,由内在的共同观点或看法来弥补。如果相似性是客观因素,那么,互补性可视为主观因素。互补性实际上是一种主观的需要或动机。有时两个性格很不相同的人相处很好,并成为好朋友,这就是由于双方都知道自己的长处和短处,都想到利用对方的长处来弥补自己的短处,这是一种心理上的需要,基于这种需要,双方可以和睦相处。

二、儿童不良人际关系的影响因素

(一)孩子受父母的暗示和影响

现实生活中有些父母本身就不善于与人交往,平时很少与外界接触,亲戚之间

几乎不走动,朋友也不多,对门邻居住了许多年没打过几次招呼,见了陌生人常常不知所措,有人来家里串门通常也就是几句寒暄了事。家长在人际交往中的这些做法无疑会潜移默化地影响着孩子,孩子会拿家长作为模仿的对象,孩子会从父母身上渐渐地习得这些行为习惯,养成内向、孤僻的性格;有些父母喜欢给孩子贴标签,当孩子在外人面前表现得不如人愿时,家长就会说孩子"没出息""上不了台面""不会与人交往""孩子怕生"等,孩子经常听到这样的评价,他就会当真认为自己的人际交往能力很差,从而更加不会与人交往;有些父母经常告诫孩子不要随便跟陌生人讲话,他们会使你受到欺骗,孩子接受了这种观念,在他的脑子里就会形成陌生人就是坏人的想法,他就会增加在人际交往方面的不安全感,总是对别人处处设防,从而影响和阻碍了他与别人的正常来往。有的父母本身敏感多疑,对人缺乏信任感和安全感,结果孩子也具有敏感多疑的不良个性,造成孩子的人际交往困难。

(二)家长过多干涉孩子的交往

一部分孩子不善于与人交往是由于受到了家长过多的干涉和限制。有些父母认为,孩子只要把学习搞好就可以了,孩子学习好了一切就都好了,人际交往只会使孩子劳神分心,完全就是得不偿失的事情,于是他们就会经常限制孩子与别人来往;有些父母担心孩子会跟别人学坏,喜欢对孩子所交的朋友一一筛选,什么这个孩子不能交,那个孩子要少来往,孩子本来朋友就不多,经过这么一筛选就更加没人可以往来了;有些父母生怕孩子早恋,有个异性同学打个电话就大惊小怪,非要对孩子追问到底,搞得孩子十分狼狈,其实他们不过是普通朋友而已;有些父母不喜欢孩子带同学到家里来,不是嫌弃孩子们把地面搞脏了,就是嫌弃孩子们乱翻东西,更有甚者居然毫不留情地将孩子的同学"请"出家门。可以反问一句,父母经常如此表现,孩子还怎么与人交往?别的孩子又怎么能够愿意与孩子做朋友呢?

有些家长对孩子过分疼爱,甚至达到溺爱的程度,处处以孩子为中心。久而久之,孩子便养成了唯我独尊的习惯,于是当他与别的孩子相处时根本就不懂得尊重

别人,不懂得关心别人,在别人面前表现得骄蛮任性,让人无法接受和靠近,从而使他失去了许多交朋友的机会;有些家长对孩子采取了一些不必要的保护,他们对孩子的外出是处处不放心,总怕孩子会有危险发生,总怕孩子和别人在一起会吃亏受欺负,于是就喜欢把孩子关在家里,即使允许孩子出门也会陪伴左右。在这种环境下长大的孩子由于缺少与人交往的锻炼,对新环境的适应能力往往较差,在社交场合经常会有一些笨拙的举动出现,显得手足无措,而且一旦与同伴之间的冲突发生,他便会选择退缩和回避来应对。

(三)孩子缺少人际交往实际经验

由于现代生活居住条件的改变,独门独户的家庭已占据大多数,这在客观条件上就压缩了孩子的活动天地,增加了孩子们之间走动来往的空间限制,减少了孩子们在一起游戏、玩耍和交往的机会;另外,许多家长对孩子看护过严,孩子每天上学和放学都由家长亲自接送,而且孩子回到家后一般都不再允许外出,孩子与别人的交往仅限于在学校里很少的课间休息时间;再者,不少家长望子成龙心切,要求孩子不仅要学好学校里的功课,而且孩子的大量业余时间也被各种各样的辅导班、补习班和特长班占用,搞的孩子整天疲于奔命,根本没有精力再与别人玩耍和交往;还有,现在电子和通讯技术高度发达,孩子足不户出就可以享受到电子游戏、电视和互联网带来的娱乐,这也削弱和淡化了他们与同伴间的交往动机和欲望。可以说,孩子们的社会接触面是比较窄的,他们尤其缺少与同龄伙伴的交往,人际交往的经验严重不足,在人际交往方面存在许多的问题,有的对家庭产生了过度的依恋,有的习惯于以自我为中心、从不理会他人感受,有的懦弱胆小,在与他人交往时十分紧张,有的不知道如何与别人交往,所以,交往的冲突和矛盾也就经常发生。

(四)孩子有不良交往的习惯和行为

孩子在交往过程中的一些不良习惯和行为将会严重影响他的人际关系,使他成为一个令人讨厌的人,使他成为一个不受大家欢迎的人。比如有的孩子很"自我",总希望别人都听他的,好事都要自己独占,处处喜欢占上风;有的孩子对别人斤斤计较,说话尖酸刻薄,稍不如意就乱发脾气耍态度;有的孩子的攻击性比较强,喜欢欺负别的小朋友,好抢别人的东西,如果有谁不听招呼就会以武力相加;有的孩子不爱关心别人,不愿帮助别人,即使别人有困难向他求助请他帮忙,他也会常常无动于衷;有的孩子自私自利,为人特别小气,自己的东西绝不允许别人染指,有好吃的或好玩的从不愿意拿去与别人分享。孩子如果在人际交往中经常有这些消极的表现,即使他内心里再怎么想与别人交朋友,再怎么想拉近与别人的距离都是无济于事的。

(五)孩子缺乏交往技巧

人际交往是需要技巧的,许多孩子正是由于没有掌握有效的交流手段和方法,才使得他的人际关系不太好,大家不太愿意与其交往。比如有的孩子不知道如何与别人商量,在和别的小朋友一起游戏时无法友好相处,要么不欢而散,要么互相攻击;有的孩子不懂得礼貌用语,说话时经常在无意中就伤害到了别人,而自己却全然不知;有的孩子不善于处理冲突和矛盾,同学之间一点小小的问题就闹得不可开交,就连是好朋友也会冷落人家一年半载;有的孩子没有学会忍让,看到别人手里的玩具比较好玩就迫不及待地想搞到手,如果人家不给,他就会伸手去强抢;有的孩子不会主动与人交往,常常是别人跟他打招呼之后他才称呼别人,常常是别人邀请他一起玩之后他才知道加入,与人相处时始终处于被动的地位;有的孩子不懂得关心他人、帮助他人的重要,即使在别人遇到困难需要援助之手的时候,他也会表现得无动于衷。

(六)孩子曾交往受挫且胆小自卑

每个人都追求成功,因为成功可以激发一个人的斗志,可以给人带来愉悦的感觉,没有人希望自己失败或受挫,因为挫折和失败总是会给人的心理带来负面的影响。但是现实生活中并不是每个人在任何时候都可以成功的,他很有可能会遭遇挫折和失败,孩子的人际交往也不例外,这时如果孩子的心理承受能力较弱,经不起与人交往中的波澜与挫折,再加上成人没有给予及时的、有效的帮助和疏导,孩

子就有可能会被与人交往中的挫折所困扰而不能自拔,从此变得在众人面前胆小和退缩,害怕与人交往。比如有的孩子在与同伴一起玩耍时,受到了别人的欺负,他想反抗可又实力不如人家,只好逆来顺受,有过几次这样的经历之后,孩子就会觉得与同伴在一起是件危险的事情,等到下次再与孩子们一起玩耍时,他会有较大的心理压力,他会尽量采取回避的方式来保护自己;有的孩子缺少人际交往的技巧,与别的孩子在一起时得不到大家的喜爱,甚至遭人冷落,被人拒绝,受人排挤,孩子受此遭遇之后,他的心理也有可能会发生变化,他会认为"大家都不喜欢我","我在这里根本就不适应",而在这种心理的支配下,孩子当然就不可能对自己充满信心,当然就会表现出畏惧和退缩。

有些孩子经历了交往挫折就变得比较害羞,胆量也比较小,与人交往经常感到难为情,甚至有一些恐惧心理,他们在别人面前总感到有一种无形的压力,心里非常紧张,感到浑身都不自在;与人交谈时一说话就脸红,而且是结结巴巴的;在社交场合不太爱表现自己,不敢发表自己的意见和想法,显得十分拘谨;看到别的孩子在一起玩得很开心,自己很想加入其中,可总也鼓不起勇气。有些孩子对自己缺乏信心,认为自己这也不好那也不行,经常沉浸在己不如人的消极体验中,他们在与他人交往时总觉得自己低人一截,害怕自己会在别人面前出洋相,担心自己会受到别人的非议,于是为了避免难堪的局面出现,就选择了在众人面前少开口、少表现来掩饰自己,时间一久就养成了不善言谈、不爱交往的习惯。

第二节　儿童建立良好人际关系的艺术

好的人际关系从孩子开始,孩子的成长是从以"自我为中心"向"认识到有其他人存在"发展,在这个过程中,家长应当怎样适当引导孩子,培养他们拥有出色的人际关系呢?

一、影响良好人际关系建立的心理效应

在一次课外交流会上,老师让大家谈谈对不同地方的人的看法,同学们兴趣很高,七嘴八舌地说开了。一些同学对世界各国人做了比较,并归纳为:英国人保守,有绅士风度;法国人浪漫时尚,诙谐幽默;美国人民主、乐观、开放;日本人是善模仿、进取;俄国人狡猾、有野心;中国人传统、中庸……另一部分同学就北方人和南方人提出了自己的看法:北方人粗犷、豪放、热情,南方人灵活、聪慧、善谈;北方人懒惰,南方人勤快;北方人比南方人能喝酒……还有的同学对各省、各地区人的特点都进行了总结概括。交流会上同学争先恐后地发表了各自的看法。

(一)刻板效应

同学们归纳的不同地方的人的特点准确吗?英国人就真的保守吗?其实,这是典型的"社会刻板印象"。所谓社会刻板印象,又称社会刻板效应,是指人们对某个社会群体形成的一种概括而固定的看法。比如,人们一般认为工人豪爽、农民质朴、军人雷厉风行、教师文质彬彬、商人大多较为精明,诸如此类看法都是刻板、固定的印象。

人们常说"物以类聚,人以群分"。这是有一定道理的。一般来说,生活在同一地域或同一社会文化背景中的人,在心理和行为方面总会有一些相似性;同一职业或同一年龄段的人,他们的观念、社会态度和行为也可能比较接近。所以,人们在认识社会时,会自然地把他们周围的群体日常的行为特征进行简单、形象、生动的概括,并把这些特征固定化,这样便产生了社会刻板印象。可以说,社会刻板印象普遍地存在于人们的意识之中。人们不仅对曾经接触过的人具有刻板印象,即使是从未见过面的人,也会根据间接的资料与信息产生刻板印象。

刻板效应既有积极作用,也有消极作用。由于刻板印象建立在对某类成员个性品质抽象概括认识的基础上,反映了这类成员的共性,有一定的合理性和可信度,所以它可以简化人们的认知过程,有助于对人迅速做出判断,帮助人们迅速有

效地适应环境。但它也容易使人认识僵化、保守,人们一旦形成不正确的刻板印象,用这种定型去衡量一切,就会造成认知上的偏差,如同戴上有色眼镜去看人。如在 1977 年,英国、联邦德国、匈牙利和加拿大联合调查了四国青少年对外国人的印象,发现在某些媒体的影响下,谈起苏联,英国青少年只会说:"苏联人爱好战争,他们对武器很感兴趣""苏联人想进攻美国""苏联人喜欢占领其他国家"……说起德国想到的就是纳粹。媒体常常有强化社会刻板印象的作用,因它要利用"刻板印象"来取得大众对它的认同。如果美国西部牛仔不是一个硬汉形象,而是一个温柔且有很好知识艺术修养的男性,人们会觉得很别扭,很难接受。

其实,这种"社会刻板印象"是我们的一种社会认知偏见。影响我们日常人际交往的"偏见"除了"刻板印象"之外,还有以下几种:

(二)首因效应

首因效应也称为"第一印象"。当人与人交往时,首次获得的信息对印象形成起很大的作用,这就是首因效应。先入为主留下的印象是深刻的,但往往也是片面和表面的。第一印象不管正确与否,总是最鲜明、最牢固的,往往左右着对对方的评价,影响着以后的交往。首因效应会对认知他人造成偏差。所以要审慎对待对他人的第一印象,不能因为第一印象好而忽略对其进行全面的认识,也不能因为第一印象坏而拒绝交往。同时,在日常交往过程中,尤其是与别人的初次交往时,一定要注意给别人留下美好的印象。

(三)近因效应

近因效应指的是在交往过程中最近一次接触给人留下的印象对社会知觉者的影响作用。首因效应一般在陌生人的知觉中起重要作用,而近因效应则在熟悉的人之间起重要作用。在经常接触、长期共事的人群中,彼此之间往往都将对方的最后一次印象作为认识与评价的依据,并常常使彼此的人际交往和人际关系发生量和质的变化。

(四)晕轮效应

晕轮效应也称"光环效应"。它是指人们看问题时,像月晕一样,由一个中心

点逐步向外扩散成越来越大的圈圈,是一种在突出特征这一晕轮或光环的影响下而产生的以点代面、以偏概全的社会心理效应。在日常生活中,"晕轮效应"往往在悄悄地影响着我们对别人的认知和评价。比如有的老年人对青年人的个别缺点,或衣着打扮、生活习惯看不顺眼,就认为他们一定没出息;有的青年人由于倾慕朋友的某一可爱之处,就会把他看得处处可爱,正所谓"一俊遮百丑"。晕轮效应是一种以偏概全的主观心理臆测,其错误在于:第一,它容易抓住事物的个别特征,习惯以个别推及一般,就像盲人摸象一样,以点代面;第二,它把并无内在联系的一些个性或外貌特征联系在一起,断言有这种特征必然会有另一种特征;第三,它说好就全都肯定,说坏就全部否定,这是一种受主观偏见支配的绝对化倾向。晕轮效应的危害是一叶障目,不见泰山,容易影响对人的评价的准确性和可信度。有些人利用晕轮效应作用,刻意将自己打扮成某种人的外表,投其所好,从而行骗,屡屡得手。总之,我们在交往中要尽量地避免和克服晕轮效应的负面作用。

(五)投射效应

即指以己度人,把自己的感情、意志、特征投射到他人身上并强加于人的一种认知障碍。投射效应对他人的感情、意向往往做出错误的评价。比如,一个心地善良的人会以为别人都是善良的;一个经常算计别人的人就会觉得别人也在算计他等。投射效应的表现形式是多种多样的,感情投射就是其中的一种。感情投射就是认为别人的好恶与自己相同。如自己喜欢某一事物,跟战友谈论的话题总是离不开这件事,不管别人是不是感兴趣,能不能听进去。引不起别人共鸣,就认为是别人不给面子,这就是投射效应产生的结果,导致对他人的认知障碍。投射效应的另一种表现,是对自己喜欢的人或事物越看越喜欢,越看优点越多;对自己不喜欢的人或事越看越讨厌,越看缺点越多。因而表现出过分地赞扬和吹捧自己所喜爱的人或事,过分地指责甚至中伤自己所厌恶的人和事。这种把自己的感情投射到交往对象身上,进行美化或丑化的心理倾向,失去了人际交往中认知的客观性。

以上几种心理效应都能影响我们的人际交往。如果不做具体区分,可能会影响交往中认知的准确性,妨碍对他人的具体认知,也较容易对人际关系造成负面影响。因而,我们在交往中应克服这些心理效应的负面影响,消除对他人认知上的片面性。

二、家长培养孩子良好人际关系的方法

(一)加强孩子与其他同龄群体的人际交往机会

孩子只有与他人来往的多了,他才能更有自信心,才能更乐于与他人交往;孩子只有与他人来往的多了,他才能更有亲和力,才能使其他孩子更愿意与他相处;孩子只有与他人来往的多了,他才能较好地学习和掌握交往的技能,才能避免在与他人交往中的消极行为。因此,家长应该尽可能地为孩子打开生活空间,让孩子更多地与同龄伙伴进行交往,比如邀请孩子的同学和朋友来家里做客,有机会时就带着孩子走亲访友,让孩子与更多的小朋友在一起游戏玩耍,同学过生日让孩子给送个小礼品,逢年过节让孩子给朋友寄一张贺卡,有意识地让孩子结交不同类型的朋友,比如让孩子参加夏令营、冬令营或者其他的一些群体活动,等等。

(二)培养利他行为

独生子女家庭的孩子普遍有"自我中心"的倾向,他们在考虑问题时习惯从对自己得益的角度出发,对自己有好处的事情比较愿意去做,而要让他们为别人付出些什么往往就比较困难。孩子的这种倾向将影响到他与同龄伙伴的正常交往,因为这些孩子不能善解人意,不爱关心别人,不愿帮助别人,不懂得分享,不会与他人合作,很难给人留下好的印象,很难受到同学们的欢迎。所以,家长在日常生活中应当帮助孩子摆脱自我中心,鼓励和培养孩子的利他行为,要让孩子学会理解别人、关心别人和帮助别人,比如当同学有困难的时候主动伸出援助之手,下雨下雪天主动将没带雨具的同学送回家,有同学生病住院主动去医院看望,自己有好吃的东西主动拿去与朋友一起分享,自己有好看的图书主动借给其他同学翻阅等。孩子这些事情做多了,不仅自私自利的毛病可以改掉,而且也会给他的伙伴们留下很好的印象,在与同伴们交往时也就会更受欢迎。

153

（三）传授交往的技能

在一次夏令营中,一位叫小明的一年级小姑娘经常在同学、老师不在意的时候捏同学、老师的脸颊。于是,好多小朋友不喜欢和她玩。有一次她捏李老师的脸颊时,李老师问她:"小明,你是不是喜欢李老师?"小明点点头说是。李老师轻轻拥抱小明说:"你喜欢李老师,可以握握李老师的手,也可以拥抱一下老师,就像李老师拥抱你一样,知道吗? 你捏我的脸颊,我会很疼的,小朋友也会疼。"小明很乖地答应着,在随后的日子里,她学会了用拥抱和握手表达她对老师或者某个伙伴的喜欢,也因此,越来越多的小朋友喜欢和她玩了。

孩子毕竟是孩子,他们在与他人交往时难免会出现一些消极行为,比如当别人与孩子打招呼时,孩子可能不予理睬;到了一个陌生的环境,孩子也许沉默寡言;带孩子出门做客,孩子与朋友家的小朋友不欢而散;孩子们在一起玩游戏,结果互相攻击起来。这些都是由于孩子没有掌握有效的交流手段,缺乏人际交往经验造成的,因此,当好孩子的交往参谋,教给孩子基本的交往技能是非常必要的。家长应当教会孩子怎样跟别的小朋友友好相处,怎样向别人表示感谢或歉意,怎样才能顺利地参与别人的游戏活动,怎样向别人提出请求更合适,怎样与别人分享食物和玩具,怎样正确地处理同伴间的纠纷与矛盾,怎样有礼貌地向别人打招呼,怎样请求别人的帮助等。

（四）多鼓励孩子交往行为

对于交往能力不太强的孩子,家长千万不能指责孩子"没出息""上不了台面"等,因为指责和埋怨对孩子的人际交往不会有丝毫帮助,反而会加重孩子的心理负担,增加孩子与人交往中的自卑感,使他的社交行为更加退缩。家长正确的做法是多多鼓励,鼓励孩子走出家门广交朋友,鼓励孩子多参加集体活动,鼓励孩子不断地适应新的环境,鼓励孩子积极扩大自己的朋友圈,鼓励孩子主动接近他人,鼓励孩子自己去处理一些能够解决的事情。另外,家长应当适时抓住孩子在交往活动中的进步,比如孩子将好吃的东西主动拿去与朋友一起分享,碰到外人主动向人家问好,与小伙伴一起玩耍时不再闹矛盾,通过表扬和奖赏等方式给这些好的行为以正强化,这样可以有效地激励孩子更多、更好地与人交往。

(五)培养多种兴趣爱好

孩子们在一起交往很多时候为的是玩得高兴,玩得开心,那些兴趣广泛、说话风趣、能歌善舞的孩子往往很有人缘,比较受欢迎,大家都乐意和他往来,相反,一个对什么事情都不感兴趣,没有任何特长和爱好的孩子,因为经常同大家玩不到一起去,所以老受别人的排斥,融不到孩子们的圈子里。为了让孩子更好地与别的孩子交往,家长可以根据自己孩子的具体情况,让他多一些兴趣爱好,要他多学会几样东西,像唱歌、跳舞、猜谜、讲故事、打扑克、踢球等都可以,孩子的兴趣爱好广泛了,会的东西多了,他与其他的小朋友就会有更多的共同语言和互动,就会拉近彼此之间的距离,就会形成许多新的交际圈子。

(六)修正不当交往行为

孩子在交往过程中可能有一些习惯和行为是不恰当的,比如说话尖酸刻薄,喜欢卖弄或炫耀自己,爱乱翻别人的东西,动不动就爱发脾气,给别人耍手腕,自恃清高目空一切,自私自利不愿帮助他人,凡事喜欢占上风,为人吝啬等,这些习惯和行为是令人讨厌的,也是不受欢迎的,它们对孩子的人际交往会产生十分不利的影响。因此,为了使孩子能够更好地与人交往,家长应当对孩子的交往行为做出必要的修正与规范,要明确告诉孩子在交友中哪些事情应当做哪些事情不应该做,要教给孩子与人交往的礼貌用语,要让孩子学着控制自己的脾气,要培养孩子诚实守信的良好品质,要使孩子形成谦虚有礼的行为方式,要让孩子学会谦让和宽容。

想了解自己的社交能力吗?本问卷共 15 项,它着重考察测试者与陌生人交往的能力。你可按照自己的符合程度打分(完全符合者打 2 分,基本符合者打 1 分,难以判断者 0 分,基本不符合者–1 分,完全不符合者–2 分,最后统计总分。)

序号	事　件	得分
1	我上同学家做客,先要问问有没有不熟悉的人,如有,我的热情会大减。	
2	我与陌生人常常觉得无话可说。	
3	在陌生的异性面前,我常感到手足无措。	
4	在公众场合讲话,我不敢看听众的眼睛。	
5	我不喜欢广交朋友。	
6	我只喜欢与同我谈得来的人接近。	
7	在新环境,我可以接连好几天不讲话。	
8	如果没有熟人在场,我感到同他人很难找到彼此交谈的话题。	
9	参加一个新的集会,我不会结识多少人。	
10	不到万不得已,我绝不求助于人,这倒不是我个性强,而是感到难以启齿。	
11	我同别人发展友谊,多数是别人采取主动态度。	
12	我最怕做接待工作,怕同陌生人打交道。	
13	参加集会,我只愿意坐在熟人旁边。	
14	我的朋友都是同我年龄相仿的人。	
15	我不喜欢在大庭广众面前讲话。	
总分		

【结果分析】

得分越低,则说明社交能力越强。

若得分低于-20分,应当祝贺你,因为你是一个比较善于交往的人;

如果得分在-20~0分之间,意味着你的社交能力还可以;

如果得分在0~30分之间说明你的社交能力较低;

得分在30分以上,那么你的社交能力存在很大问题,你在社交场合,习惯于退缩、逃避,你对自己的社交能力没有信心;

凡是得分超过0分的同学,你们都需要加强锻炼自己同陌生人交往的能力。

儿童良好适应力的培养

ERTONG LIANGHAO SHIYINGLI DE PEIYANG

09

第一节 儿童适应及其影响因素

第二节 儿童适应力的培养

适应能力是我们每个人生存和发展的基础，对我们的孩子来说，也是将来能够立足于当代竞争社会的必备能力。而且适应能力强的孩子能够快速适应新环境，接受新事物，并能保持愉快的心情，更快学习到有用的生活经验和知识。另外，适应能力还会影响到人际关系的发展，宝宝若能很快与其他小朋友玩到一起，就能让他更快学到更多的社会经验，知道如何与他人交流沟通，和睦相处。因此，提高孩子的适应能力，才能让孩子的人生之路走得更为顺利。

第一节　儿童适应及其影响因素

一、快乐新生活

吴兰自从升入初中后，她每天学习到晚上 12 点，早上 6 点起床，中午也不休息。作业太多,七八门课的学习压力常常会让她头痛不已。吴兰又身在尖子班,压力很大,有时很压抑。尤其是数学,她很想学好,但一看到数学书就头痛,一上数学课就走神。她最近常常失眠,常常在夜晚偷偷地哭,感到只有哭才能发泄自己的压力,吴兰不清楚自己为什么会变成这样?

陈放,上初中了,课程一下子比小学多出四五门,繁重的学习压得他喘不过气来。一方面陈放很想在各科都表现自己,希望大家发现自己是一个很优秀、很不错的人;一方面,又想积极参加学校的各种活动,使自己能得到全面的发展,但往往想的和做的不一样,心里有点焦虑,不知道应该如何分配好时间来处理学习与活动。

以上两个同学都面临着相同的问题,就是新生适应不良综合征。所谓新生适应不良综合征,是指新生(初一、高一)进入新的学校后,由于和周围环境不适应、不协调,从而在认知、情绪、行为等方面出现的一种迷茫、困惑、痛苦。在对某年秋季某校初一年级 460 名新生所做的适应情况调查显示,有 51.6% 的学生感到学习压力过大,18.8% 的学生存在人际交往不适应,8.9% 的学生的自我认识不清楚,24% 的学生心态较平稳。新生适应情况好坏直接影响新生对新环境的认可,对自我的肯定,对新的学习生活的信心。

二、儿童适应的影响因素

引起新生适应不良的原因是什么呢? 根据调查和研究发现,主要有以下几种:

1.气质、性格差异。气质和性格作为个体心理结构的重要特征,是影响新生入校最初适应性的重要因素。一般来说,胆汁质的同学热情奔放,多血质的同学开朗活泼,这两种气质的人都能较快地适应新的环境。而黏液质和抑郁质的同学相对含蓄、沉静,不善于与人交往,融入新环境的速度慢一些。另外,从性格上说,外向型性格的同学一般也比内向型性格同学适应快一些,效果好一些。

2.心理准备不足。部分同学事先没有充分估计升入新学校的各种变化和可能,并为此做好恰当的应对措施,反而继续用旧眼光来衡量和评判新环境中的人和事。比如:过去的同学亲切,现在的同学形同路人;过去的老师喜欢自己,现在的老师不在乎自己;想家,想以前的朋友,感到异常孤独、难受等。

3.家庭压力过大。不少父母会把升学和就业的压力提前灌输给子女。另外,同学们心理发展速度加快,但父母的教育方式没有改变,给青春期渴望独立和理解的同学也造成较大压力。

4.学校过分强调教学,忽视适应性教育,特别是心理健康教育跟不上。进校后,学校通常希望大家能立即投入紧张的学习生活,给予大家的也主要是学科知识的教学和一般的常规性入校教育。而针对新生心理开展的适应性教育没有跟上,有的甚至没有。

三、现代媒体对儿童的影响

现代媒体是指在现代电子技术条件下,实现信息传递的各种电子设备。现代

媒体所传递的信息形式很多,主要有文字、图形、声音、动画等。社会信息媒介已经成为教育少年儿童的重要手段。电视和电脑作为现代化传播媒介,对少年儿童的影响越来越大。电视节目和网络文化的优劣将在很大程度上影响未来公民的素质,特别是对儿童心智的启蒙、情感的培养、个性的塑造等诸多方面,发生着潜移默化的影响。

(一)电视对儿童成长的影响

作为大众传播媒介,电视已经影响到人类社会生活的各个方面,作为视觉艺术,因其具有强烈的感染力,也成为当代社会中最具影响力的大众文化传播形式。所以电视对于儿童的成长也起着至关重要的作用。电视对儿童产生的深远影响,既有积极的方面,又有消极的方面。电视对儿童产生的积极、深远影响有:

(1)电视节目能够直觉地、形象地教给儿童大量的多方面的知识,启迪儿童的智慧,培养孩子的智能素质。许多孩子们喜爱的电视节目,原因在于它符合儿童的心理特点,直观、形象、具体,孩子易于接受。在日积月累的收视中边玩边看获取了许多知识技能,从而开发了他们的智力。

(2)电视文化对培养孩子成为"创造型"的"全面型"的人才起着心灵开启的作用。电视作品中经常有人物介绍栏目,也有不少电视剧是反映有成就者成长道路的。其中的内容有科学家如何发明创造的;也有艺术大师怎样创作出有个性的艺术作品的;也有普通劳动者如何一步步实现理想的,等等。他们的成长过程教孩子从小知道,凡是有成就的人物都有一个共同特点,就是在各自领域里,艰苦勤奋,百折不挠,富有创造性,否则就不能成为"大家"或"大师",尤其在今天高科技迅猛发展的时代,循规蹈矩是不行的。从小要肯动脑,并且善于动脑动手,既要有知识,又会实践,将来才能做成一番事业。

(3)电视可以通过直观可视的艺术形象熏陶孩子的艺术情操。孩子们可以从电视节目里像亲临现场一样,欣赏到全国各地和世界各国的音乐、舞蹈、体育以及杂技、魔术、模特表演,浏览世界各国美术大师的艺术作品,领略世界各地美丽风光和宏伟建筑。电视艺术所涉及的广阔领域,不仅开拓了儿童的眼界,增长了见识,提高认知的能力,同时,在享受美的同时,陶冶了情操,受到了审美教育。当然这是一个潜移默化的过程,对儿童审美素质的影响将是非常深远的。

(4)电视对于儿童思想品德的教育以及行为习惯的形成起着巨大的作用。不论儿童电视剧或成人电视剧,里面都有人物、故事情节。儿童看了从中可以分清好与坏,善与恶,美和丑,因此在他年幼的心灵里就会逐渐树立起一个正确的人生观,知道自己该怎么做。

然而电视文化对儿童成长也有着负面的影响。首先,在商业利益驱使下,电视往往强调突出暴力与色情内容,由于儿童辨别是非的能力较弱,对他们具有腐蚀作用。其次,电视节目繁多,有的孩子坐在电视机前一坐就是几个小时,这对孩子的身体健康不利,对于儿童之间相互交流也无疑是设置了一道障碍。再次,电视使儿童陷于被动。电视视听与书刊阅读相比,前者可以说是"被动性"的,后者是"主动性"的。因为图像与文字相比较很容易理解,尤需开动脑筋。因看电视太多而养成的"被动性",将不利于儿童思考力的养成与提高。对电视严重依赖的儿童,他们的语言能力,抽象思维能力,特别是掌握数学符号体系的能力不可避免地会遭到严重削弱。最后,儿童可能还会患上"电视综合征"。爱看电视的儿童有时会感到心神烦躁,处于超活动状态之中。社会心理学家把这种状态称为"电视综合征"。患了电视综合征的儿童不能连续保持注意力,要么呆呆地坐着,要么无法抑制冲动并显示出心神不定的表情。如果让这些儿童少看或不看电视,他们就正常了。

为更好地开发儿童智力,家长应指导儿童看电视,使其多吸收电视中积极信息,克服消极影响。

(1)限制儿童看电视的时间。不要把电视当作儿童的保姆,限制儿童每次看电视的时间最好不要超过一小时。适合儿童内容的可多看一点,反之应少看或不看。必须保证儿童训练语言表达,阅读写作,数字运算的时间。还必须让儿童大声朗读,养成读书的习惯。

（2）多与儿童谈谈电视节目的内容。为了收到较好的效果,最好同孩子一起看电视,了解儿童对电视节目的看法,这样就可以针对电视节目中出现的人物、事物、景物等加以讲解,也可以提出一些问题让孩子思索回答,从而培养孩子的思维和语言表达能力,节目内容要根据儿童的年龄、心理特点、理解能力来适当选择。如果不加以选择,把电视当作哄孩子的手段,势必会造成一些不良的后果。

（3）扩大生活中的现实经验。对儿童来说,拼七巧板、搭积木、做纸功、画画之类能唤起创造力和想象力的游戏是很重要的,应该在儿童的生活中安排适当的身体运动,注意培养儿童的动手能力。

所以,如何使电视作品对儿童成长的影响更积极更有力,进一步提高电视文化艺术的水平,抵制其不良的影响,还需要电视界以及全社会和儿童家长们给予足够的重视。

（二）网络对儿童成长的影响

随着社会的发展、科技的进步,现代媒介特别是电脑网络在生活中扮演着多种角色,也正在越来越强地影响着儿童的身心发展,给儿童带来了不同程度的积极和消极的影响。网络可以是耐心的老师,也可以是倾诉交流的伙伴,更可以是用来游戏的工具甚至宠物。(1)可以开阔少年儿童视野,帮助其了解更多的求知领域,得到大量的需求信息。(2)可以借助虚拟空间,广泛开展对外交流。(3)可以利用互联网无限多样的发展机会,促进青少年的个性培养。(4)可以利用网络资源和信息技术,促进儿童的学业。可以让孩子自己在网上找一些课本上的相关内容。也可以让孩子把自己得意的作品(作文)在网上发表,孩子在网络上每发表一篇作文就会对自己的写作有一定的信心。认为自己的写作水平并不低(其实只要孩子认真思考、认真去写、一定能写出好的作文来),这时孩子对写作也有了一定的兴趣,这是最好的鼓励,是最好的表扬。鼓励是动力,表扬是信心。孩子会更加喜爱写作文,于是写作文不再是孩子的一种累赘,写作文成了孩子的一种乐趣。

互联网信息量大、交流速度快,成为儿童寻求知识的主要手段,进一步拓展出当今儿童教育的空间。孩子们碰到语文课中要求查找的有关资料,就可以让学生上网去找,从上网过程中可以学到许多电脑知识。这样可以提高他们对学习的兴趣,增强学习的信心。由于网络的出现,还使寓教于乐变得简单起来,一些看上去和学习没有关系的游戏机,成了老师们教学的新法宝。老师们将循序渐进的教学内容和一关又一关的游戏相结合,使孩子们在娱乐中学会了知识,学习变得轻松有趣。

可以说,网络的出现和极速发展为少年儿童的学习、交流、思维拓展、创新、娱乐提供了更为广阔的空间。但是网络过度使用也会给儿童带来消极影响,主要表现为:(1)网络病症问题。正由于网络的多样性使不少青少年儿童长期沉湎于网络之中,一些青少年儿童已出现明显的网络病症,严重影响了身心健康。有不少电脑爱好者不同程度地患上了"网上娱乐综合征"。当孩子迷上网上娱乐时,就会上网成瘾,其后患无穷。(2)不健康网点对青少年的危害问题。一些大肆渲染色情、暴力、邪教或反动的网站,已毒害了一批青少年儿童,几乎让众人"谈网色变"。(3)诱发青少年犯罪问题。专家表明,目前青少年严重不良行为、违法犯罪行为的发生,很大程度上是网络中不良信息的活学活用。这些问题的出现大大影响了少年儿童的身心健康,影响了儿童正常的学习、生活,也为学校传统教育带来了新的压力与挑战。

因此,家长对于孩子网络的使用,要尽量克服网络对儿童的负面影响。面对网络儿童,做父母的应该积极应对,可以从以下几方面给予督促和引导:①家里有条件的可购买电脑,尽量不要让孩子到网吧去上网。②把电脑从孩子的卧室搬到客厅,不让他有闭门沉迷的条件。③限定了上网时间:每周末在完成作业后可以上网,但每次不能超过两个小时。④上网时我们尽量陪孩子一起"冲浪",这样既能起到监督作用,还能对网上的内容及时进行分析解惑;如没时间陪孩子上网,我们就通过"历史"按钮检查他浏览过的网页,发现不良倾向及时"亡羊补牢"。找出几个较好的青少年网站和电子报纸,收入"收藏夹",作为孩子固定浏览的站点。

⑤从网上下载防"黄"软件,凡是不健康的网站一律不让孩子进入。另外,教育引导孩子树立健康的兴趣和爱好,增强"免疫力"自觉抵制不健康的东西。⑥加强孩子心理教育、情感教育等,给予他最真诚的答案,不再说教。

在高速发展的信息时代,上网已经成了孩子们必须掌握的一项技能,在以后的学习生活中这项技能始终伴随着孩子们,因为电脑网络越来越强地影响着孩子们的学习生活。对于孩子们来说,网络不应是洪水猛兽,也不应该成为与家长之间的隔膜,在他们童年生活里,网络是孩子们认识世界的教室,是获取课堂外知识的另一个学校。有了社会、家庭、教师密切关注,相互配合,网络会成为家长与孩子们情感交流的一条纽带,成为孩子们学习好的工具书,成为孩子寻求知识的宝库,成为孩子们寻求欢乐的殿堂。信息化时代,无论什么样的现代媒体,对儿童的成长都形成了很大的影响,要让新时期的儿童健康成长必须充分认识这些影响因素,趋利避害,正确引导,充分利用好现代媒体这把"双刃剑",营造良好的现代家庭环境,促进儿童的健康成长。

第二节　儿童适应力的培养

一、如何提高孩子的适应力

(一)带孩子多接触新环境

有的孩子到了陌生环境中会不知所措,无法很快融入。对于这样的孩子,父母要经常带他们去新环境中,让孩子去发现新鲜有趣的事物,从而增加孩子适应环境的能力。父母要让孩子多结交新环境中的朋友,让孩子通过与朋友的友好相处,提高自己适应环境的能力。

父母可以先让孩子在熟悉的环境里接触更多的人,等孩子可以顺利地和他人交往时,再带孩子走出家门。当孩子进入新环境感到不适应的时候,父母最好用握住孩子的手、摸孩子的头等方式鼓励孩子,使他们在充满安全感的状态下适应环境。

小时候,小敏是个很不喜欢出门的孩子,即使是去亲戚家,她也会觉得很别扭,到了亲戚家,她不会和别人打招呼,而是乖乖地躲在妈妈身后,妈妈觉得这样下去对孩子很不好,决定多带孩子出去玩,让她变得大方起来。于是,妈妈经常带她去公园、儿童乐园等人多的地方玩,并且教给孩子恰当的社交礼仪。慢慢地,小敏开朗了很多,到了新环境里也不觉得拘束了。后来,小敏进入幼儿园、小学,都能很快地适应,和老师、同学打成一片。

在孩子小时候,父母就要引导孩子尽量习惯陌生人和陌生地方,经常带他们去串门,或者去公园和游乐园等,鼓励孩子多参加社交活动,多提供孩子和朋友玩的机会。当孩子要接触新环境时,父母要让孩子认识到新环境的有趣,孩子一旦具备好奇心和勇气,就会很快地适应新环境。当孩子在新环境中结识新朋友时,父母要适当地鼓励和表扬,让孩子获得积极的情感体验,自觉加入新环境中,更好地和他人交往,获得理想的人际关系。

(二)学习上多辅导,以便适应老师

孩子从家庭步入学校,由于各种严格规定的制约,以及学习的全新内容和作息时间的不同,孩子一时很难适应新环境是可以理解的。同时,孩子可能会从内心认同某位老师的教学方法,一旦换了老师,孩子也会出现不适应的状况。当出现这种状况时,父母要对孩子的学习多加指导,让孩子去适应老师。

小强今年开学换了位语文老师,之前的老师他一直很喜欢,因此学习成绩也不错。但是新换的这位语文老师的教学风格和以前老师的风格大不一样,为此,小强很不适应。由于不适应老师的教学方式,小强的积极性不高,学习成绩也不理想,在最近的考试中,语文成绩竟然破天荒地不及格。妈妈知道后,很着急,她觉得应该让孩子学会适应不同的老师。

妈妈跟孩子讲清学习是自己的事情,和老师没有多大关系,而且不一样的老师也有不一样的优点,老想着以前老师的好,对适应现在的学习环境没有帮助。孩子在妈妈的帮助和引导下,调整了自己学习方法,学习成绩也逐渐提高。父母要了解孩子的学习情况,及时发现孩子学习上的困难,以自己的经验和对孩子课本知识的把握,对孩子实施有效的指导和帮助。

在学校的学习生活中,要教会孩子欣赏不同的老师,尊重老师,在心里不要排斥不同老师的教法,这样就会更快地适应学校环境、适应老师。当孩子因为学习出现困难,对某门学科产生困惑,进而将意见强加到老师身上的时候,父母就要帮助孩子纠正学习态度中出现的偏差,为孩子讲清道理,纠正孩子的不良心态,不让负面情绪影响孩子的正常学习。

(三)培养孩子的心理适应能力

在当今激烈的社会竞争中,心理素质的优劣往往决定孩子生活、学习、事业的成败,而心理素质的核心内容之一便是心理适应能力。它对于提高孩子的综合素质有着举足轻重的作用。只有孩子具备了良好的心理适应能力才能更好地适应社会环境,对自己所处的环境做出积极的反应。

很多孩子看到自己喜欢的人,就会很快打成一片,但是对于自己不喜欢的人,就拒绝和他交往,还有的孩子,面对新的环境时会产生胆怯、不知如何是好的情绪,这都是孩子心理适应能力不强的体现。心理适应能力是孩子的心理品质问题,反映孩子面对新环境时的思想、情绪、行为的控制能力。要想更好地融入新集体,就必须具备很强的心理适应能力。

父母可以多培养和锻炼孩子的人际交往能力,让孩子养成遵守规范、乐于合作的意识和习惯。要尽可能多地创造机会,让孩子自己去克服心理问题,理解大多数人的想法和做法,当然,这并不是要求孩子放弃个性,而是懂得与人的相处之道。父母还要身体力行地传授对人宽容的豁达心态,这样也会帮助孩子更好地与人相处。

(四) 适当地和孩子分离

孩子一旦离开父母,就容易产生焦虑情绪,甚至哭闹,这说明孩子对于没有父母的环境心存不安,他们不想在新环境中独自生活。缺乏安全感的孩子,一旦父母离开自己的视线,就会茫然,这种心理对孩子的发展很不利。所以,父母要树立和孩子适当分离的意识,适当地从孩子的视线中"消失"一会儿。

在日常生活中,父母可以在附近进行观察,在孩子需要帮助时,给予适当的指导,但不要干扰他们的活动;有时甚至可以短暂离开,但要清楚地告诉孩子,妈妈离开一下,一会儿就回来,这样可以让孩子觉得自己是安全的,从心理上接受和父母的分离。

孩子进入幼儿园和小学,都要和父母分离,如果对父母过度依赖,孩子就难以适应新环境。父母不要时时刻刻守在孩子身边,而要给孩子留出适当的空间和时间,让孩子在没有父母的世界里学会独立。

(五) 让孩子学会自我调控不良情绪

孩子的情绪会决定孩子的性格及做事的态度,还会决定孩子的人际交往关系是否和谐、人格是否完善。父母要给予情绪不好的孩子适度的关怀和理解,教孩子学会调节情绪。

方舟今天体育课上和其他同学一起玩了个游戏,可是在玩游戏的过程中,他发现刚刚很不配合,非常气愤,想对刚刚发脾气,可是他控制住自己的不良情绪,耐心地对刚刚说:"班里那么多同学都在等你,你要照顾大家的情绪啊。"在方舟的说服下,刚刚改变了自己的意见,和大家开心地一起玩了。方舟庆幸自己没有对刚刚发脾气,如果那样,刚刚会更不配合。

父母要教育孩子客观地看待世界,孩子心胸开阔,情绪就容易稳定。比如,如果孩子成绩不理想,就要引导孩子学会正视现实,继续努力;如果孩子有烦恼,就要让孩子学会倾诉,经常和父母及身边的朋友交流,通过倾诉的方式来调节自己的情绪。当孩子情绪不好,无法调适自己时,也可以让孩子暂时转移注意力,做自己感

兴趣的事情,这样也可以调节不良情绪。

父母还应该让孩子学会节制自己的情绪,等心情平静下来再处理事情。有理智的孩子一定是可以控制自己情绪的人,他们能够意识到发脾气带来的后果,于是会自觉控制自己。孩子学会了调适自己的情绪,就会很好地适应各种各样的环境,拥有良好的人际关系。①

二、儿童重要时期适应力的培养

孩子的成长过程中有一些特殊的时期,这一时期如果能很快适应角色变化,则获得心理成长、走向成熟,反之则可能带来不良后果。心理学家把这种特殊的时期称之为关键期。关键期中,在适宜的环境影响下,行为习得特别容易,发展特别迅速。但这时如缺乏适宜的环境影响,也可引起病态反应,甚至阻碍日后的正常发展。孩子进入幼儿园、小学、初中,进入青春期,都会面临着环境或生理、心理的变化,家长这个时候尤其要注重孩子适应力的培养与锻炼,使其尽快适应新生活。

(一)孩子从幼儿园到小学适应阶段家长的教育方法

孩子从幼儿园到小学是一个较大的跨度,适应起来比较困难,家长应该提前做一些适应性的正确引导,让孩子对新的学习生活有一些初步认识。

第一,利用孩子平时提出的一些问题进行引导。孩子平时喜欢提出这样那样的问题,家长在给孩子解答时,可以对孩子说:"你问的这些问题,妈妈也不完全懂,等你上学了,老师会告诉你的,因为老师知道很多很多的事情,你想问什么,老师就告诉你什么。""到学校上学,你会学到很多知识。"这样做,孩子对上学就会产生兴趣,"上学"在他的脑海中有了一个初步的概念。

第二,提前带孩子到新学校参观、熟悉环境。开学前,父母可以带孩子到学校参观,让孩子认识上学的路线,以及学校位置,然后告诉他学校的一些设施和活动场所,学生在教室上课的情况与课外活动的种种乐趣,逐步培养孩子对学校产生好感,熟悉环境。

---

① 成墨初.决定孩子一生的 36 种关键能力.新时代出版社,2010 年:21—30 页。

第三,给孩子准备学习用具,并教会使用方法。父母为孩子准备的学习用具有铅笔、橡皮胶、钻刀、作业本、尺子……教会如何使用钻刀,以及笔断以后如何处理,还有作业本封面的填写、格子的作用等,教育孩子要爱护学校的课桌椅、门窗,不得乱写乱刻。

第四,培养学习习惯。孩子在幼儿园以玩为主、以学为辅,到了小学就不同了,变成了以学为主。刚上小学孩子对学习充满了渴望,对老师发给他的各种书本感到新奇,对课堂上的学习兴味盎然。家长抓住孩子的这种新鲜感、好奇心,强化孩子的求知欲,尽量在家中把孩子的学习搞得丰富多彩,给孩子安排一定的学习时间,要求先做作业再去玩,并为孩子提供一个安静的学习场所,让孩子专心致志地做作业,并制定一个时间表,培养时间观念。完成作业后,也让孩子自由活动,做他喜欢的事情。

第五,培养学习兴趣。爱玩是孩子的天性,贪玩并不奇怪,对这一点,父母不要惊慌,要动脑筋把玩与学习兴趣联系起来,也就是说为他设计一些简单的游戏或活动,在游戏与活动中帮助孩子发现问题,引发兴趣,比如孩子不肯读书,可以找几个小朋友到家里和孩子一起读。学习形式多种多样,吃饭时可以从餐具入手,认识餐具名称;上公园玩时,教孩子认各种植物、花草以及各种类型的建筑物……让孩子学得轻松有趣。

最后,鼓励孩子参加集体活动。刚进入小学,孩子与同学相处不习惯,有些性格内向的更加不愿与同学交往,对学校生活就产生恐惧感,这时候,父母应多鼓励孩子参加集体活动,如文艺演出,运动会,游戏,到同学家去玩,让孩子在集体活动中学会人与人交往,逐渐适应校园生活。

(二)孩子从小学到中学适应阶段家长的教育方法

一般地说,人在经历较大转折时,都会经过兴奋期—厌倦期—适应期等三个阶段,才能真正稳定下来。如果过渡得不好,会使厌倦期延长,适应困难,从此老是在集体中居于被动的地位。家长要关注孩子,引导孩子顺利地完成心理的转换。一

些良好的开端是成功的一半。富有经验的中学教育工作者总结了一些规律和方法,提供给家长以引导孩子平稳地完成从小学生到中学生生活的适应。

第一,延长"兴奋期"。孩子刚进初中,一切都感到新鲜、好奇,怀着自豪感。这时,他们处于兴奋期,往往表现为精力充沛,好动,好表现自己,早到校,能遵守学校的规章制度;回家后爱谈论新老师、新同学、新班级。他们一般都努力想表现得好点。家长对处于兴奋期的孩子要适当稳定他们的情绪,指导和督促孩子有规律地生活和学习。在这个时期内,家长要多花时间和精力,加强对孩子的教育。首先是保护孩子进中学后要求进步的愿望,热情地加以肯定和鼓励。其次,要不断地对孩子提出新的要求,使孩子每走一步都有明确的目标,特别要在帮助孩子树立正确的学习动机上下功夫。再次,要抓住这个时机培养孩子文明礼貌的习惯,督促孩子遵守中学生行为规范。最后,当孩子在争取进步的过程中犯有过错和遇到挫折时,家长要及时给予帮助和指点,不要伤害孩子的自尊心。

家长如果能够有效地延长孩子的兴奋期,避免厌倦期的提前到来,那么,孩子便会有一个相对稳定的良好开端,这对他以后的学习是十分有益的。

第二,缩短"厌倦期"。孩子入学一个月左右,对新学校的情况已基本熟悉,于是新鲜感逐渐消失,开始感到初中学习的辛苦和体力上的倦怠。这预示着厌倦期的到来,表现为上课开始无精打采、注意力容易分散、情绪不安、作业潦草、纪律松散等。这时,家长首先应保持冷静,理解孩子的心理,不苛求,千万别无休止地埋怨,更不要数落他们的不是。应该保护他们的自尊心,帮助他们树立自信心,并在学习方法上给予指导,使他们保持上进的愿望以及遵守学校纪律和制度的自觉性。在这个时期,家长特别要想方设法创造条件,帮助孩子在学习上、思想品德上获取进步,给予鼓励,以此激起孩子新的兴奋情绪。对于孩子的第一次学习成绩和第一次奖励或过失尤其要正确对待。其次,要关心孩子与教师、与伙伴的关系,如有误解或障碍,应及时与教师联系,妥善解决。要帮助孩子总结经验,安排、调整好生活,在思想上和身体上给予更多的关心。总之,对孩子要多理解、关心和鼓励,帮助

他们缩短厌倦期。

第三,稳定适应期。一般说来,孩子在顺利度过厌倦期后就进入适应期。这时孩子的情绪基本稳定,能遵守纪律,但大多数还缺乏自觉性,有的只不过被迫服从新的生活规律。家长要注意培养良好的生活习惯、学习习惯,注意思想品德方面的教育。不要再去包办孩子的分内事,如陪做作业、准备学习工具、整理书包等,而应该把精力放在指导、督促、检查上。

(三)孩子青春期适应阶段家长的教育方法

1.尊重并信任孩子。在我们中国人的传统思想中,孩子在父母眼中始终是一个长不大的"孩子",我们经常可以看到这样一些现象:尽管不少"孩子"早已为人父、为人母,但他们的父母还总是这也不放心、那也不放心,喜欢管着他们,在这里尽管倾注了父母无数的爱,但其效果往往不一定理想,甚至会弄得两代人不开心和产生一些不必要的家庭矛盾。因此,作为现代型的父母,我们应该学会尊重,在尊重他人的同时,也要尊重自己的孩子,不要以一种居高临下的姿态来对待孩子,要学会与孩子的平等相待。为此,我们一般不强迫孩子做某件事,我们的职责是对具体事情进行利弊的分析,让孩子自己拿主意,而不是代替孩子做决定。马斯洛的需要层次理论告诉我们:人的需要是遵循生理需要、安全需要、被尊重的需要、人际交往的需要和自我实现的需要这样一个递增规律的,只有低层次的需要得到满足时,人们才可以更加安心地学习、工作,更愿意全心地付出,达到自我管理和自我实现。对孩子来说,生理和安全的需要都比较容易满足,但在被尊重的需要上,有时往往被剥夺,作为家长要尽量地满足孩子的正当需要。

有一些家长一看见孩子跟异性交往,就问长问短;一有异性同学的电话就偷听;孩子不在家,就翻孩子的抽屉,搜孩子的书包,偷看孩子的日记。有一位母亲就犯了这样的错误,他的儿子15岁,读初二,学习一直不错,也非常明事理。可是后来发生了一件事,改变了这一切。他的儿子想考重点高中,所以他要参加一个课外辅导班补课,因为孩子的物理和英语不是很好,但这个母亲死活不让儿子去补课,原因是她从儿子的抽屉里发现了一封信,是儿子班上一位女同学写的。这位母亲认为儿子早恋了,认为儿子上辅导班只是借口,尽管妈妈坚决反对,儿子放学后还是去辅导班上课了。妈妈开始跟踪,结果没有发现儿子与女同学见面。可她还是不甘心,又找补课的老师调查。老师说她的孩子很好,没有问题。按理说这下她可以放心地让儿子去上课了。但是,这位母亲还是不相信儿子,坚决不让他去上课。伤心绝望的儿子彻底地放弃了,他不仅补习班的课不去上了,连老师布置的作业也不做了,上课也不专心听课。放学回家就看电视,学习成绩直线下降。孩子是用行动来向母亲示威:你不是不信任我吗? 你不是不让我学吗? 我现在不学了! 我就天天在家里,待在你眼皮底下,你放心了吧! 这下妈妈急了,马上就升初三了,不学习怎么能考上好的高中呢? 母亲惊慌了,找老师做儿子的思想工作,找专家指点迷津,结果无济于事。因为孩子拒绝见任何前来做思想工作的人。他的这些行为完全符合青春期孩子的心理特点:情绪激动、做事极端、往往不计后果。他对母亲的不信任不尊重,采取的是一种极端的方式,由于他的认知能力和社会经验都非常有限,他对事物的理解和认识都比较肤浅、比较片面,他不知道自己这样做的后果,实际上是在自毁前程。

这个案例提醒我们思考:由于母亲对儿子不信任,不尊重,而且采取了一系列不恰当的方法,导致了这样一个不好的后果。所以说父母的信任和尊重对孩子来说非常重要,尤其对一个青春期的孩子来说更是如此。

2.对孩子多一些理解和包容。我们了解了青春期孩子的心理特点之后,应该对这个时期的孩子多一些理解、多一些包容。一位母亲曾诉苦:她的女儿读初二,今年15岁,特别的不听话,总让她操心。有一天下午放学后,女儿迟迟未归,她既担心又焦急,可就是找不到她的影子。母亲在家坐立不安,一次次到门口张望。直到晚上八点多钟,天完全黑下来了,她的女儿才姗姗而来。女儿看见母亲在自家的楼下等她,就快步走向母亲,说道:"妈妈,你为我担心了吧! 我和同学去书店买复习资料了。"听了女儿的话,母亲不为所动。也许是母亲太担心,也许是她等得太

久,她心中的怨气一下子像火山一样爆发出来:"你就不能让我活得自在点吗?你非把我气死啊?你买东西就不能先打个电话告诉我吗?"进屋后,女儿见母亲拉着脸不依不饶,也生气了,开始顶撞母亲:"我又不是干坏事去了,你有必要对我发这么大火吗?"于是冲突不断升级,最后母女俩吵得不欢而散,几天不说话。

如果这位母亲对她的孩子多一分理解多一分包容,那么这场冲突就不会发生。其实,这样的事情在我们身边可以说屡见不鲜,这样的父母可能也不少,遇事不够冷静,不够理性,不会控制自己的情绪,不懂得用宽容来化解矛盾,调节家庭气氛,经常把家里弄得乌烟瘴气。当然,很多时候,因为家长工作压力大,生活负担重,可能自己常常没有好心情,特别在工作上遇到不顺心的事情,回家以后,孩子可能就成了家长的出气筒。如果孩子表现不好,考试成绩又很差,有些家长就很难控制自己的情绪。于是亲子冲突就不断发生。心理学家詹姆斯说:人性最深切的需求就是渴望得到他人的欣赏。对一个屡遭挫败的孩子来说,批评责难,只能使他在自暴自弃的沼泽中越陷越深,最后直至被淹没。唯一能拯救他的是理解!是接纳!是欣赏!只有这样孩子才能走出困境,才能平稳度过青春期。

3.少唠叨多观察。孩子在青春期情绪波动比较大,也比较频繁。比如考试取得好成绩,或者做了一件有意义的事情得到老师的表扬,受到同学的拥戴,他会情绪激动,满怀自信,甚至忘乎所以;但是如果一次考试考砸了,他会因此觉得自己很无能,对自己的学习能力也全盘否定;或者因为一件小事与同学发生摩擦,或者因为没完成作业受到老师批评,他会立刻变得很沮丧、很消沉,觉得别人都排斥他,都不友好,把什么都看得很灰暗。孩子的脸就是一张晴雨表,家长应该仔细观察孩子每天的情绪变化。当孩子盲目乐观时,家长适时地泼一点冷水;当孩子自卑消沉时,家长要给孩子一些鼓励和表扬。其次,观察孩子的情绪变化也会及时发现孩子的心理问题,对孩子进行及时疏导,避免悲剧的发生。现在的孩子都是独生子女,从小到大,得到太多的宠爱与呵护,心理承受能力非常的差,经不起挫折的考验。

曾经有一个初三的女孩,成绩非常优秀,一直是父亲的骄傲。周围的邻居都说她是个好孩子,很乖很懂事,老师也很喜欢。然而有一天她突然自杀了。所有的人都很震惊。在孩子自杀的前一天晚上,这个孩子写了四十几封信,第二天早上孩子没有背书包就去上学了。但是她的母亲,对此却毫无察觉。她的父亲是一个工人,当晚值夜班不在家。所以父亲知道这个消息时异常地悲痛。我们可以计算一下孩子写一封信,如果需要二十分钟的话,那么这个孩子差不多一个晚上都没有睡觉,也就是说她房间里的灯亮了整整一夜,而孩子的母亲在家里却对此一无所知。或许这个母亲知道孩子房间里的灯亮着,却没有走进房间去过问一下,孩子为什么那么晚不睡觉。如果这位母亲平时对女儿多一点关心,她一定能发现女儿情绪的异常变化,如果她能及时和女儿做一次深入地交流,耐心地听一听女儿的倾诉,让女儿说出自己的烦恼和痛苦,给女儿及时地开导,那么悲剧就不会发生。孩子在信中说,父亲虽然对她好,希望她努力学习,但是父亲只是把自己作为炫耀的资本,并不是真正地爱她。

一个家庭就这样破碎了!我们在悲痛惋惜之余,是否应该做一次深刻的反思:我们对自己的孩子了解多少?关心多少?我们对孩子的要求和期望是否符合孩子的心愿?家长在日常生活中要用心观察,做一个有心人,同时也要抽出时间与孩子多交流多沟通。

4.转换角色,平等相待。我们很多家长喜欢居高临下地跟孩子说话,在孩子面前总要摆出绝对的权威。特别是那些在单位当领导的家长,回到家里仍然转换不了自己的角色,跟孩子说话习惯打官腔,可孩子绝对不会像他们的下属那样对他们唯命是从。青春期的孩子都有自己的思想,对任何事情都有自己独立的看法和认识,他们不喜欢被指令,不喜欢被训导。他们向往独立,渴望被当作成人一样得到尊重,追求真正的平等。当他们的憧憬被家长粗暴地粉碎时,家庭里的冲突和两代人之间的战争就不可避免地爆发。

有一名高一男孩,因为学习成绩不是很好,父亲经常教训他:"你上课到底有没有好好听课啊?同样是一个老师教,别人能学的好,你怎么就学不好呢?你整天都

混些什么,啊……"孩子听了很不高兴,就顶撞父亲:"你怎么知道我上课没听课啊,你没有调查就不要乱发言!什么叫混啊,说话那么难听,我的事你以后少管!"父亲一听火了:"我不管谁管,啊?你是我儿子,我就要管!"儿子理都不理他,"砰"一声把门一摔就出去了。父亲气急败坏,毫无办法。他对妻子说:"好,出去了就不许再回来。你记住,不许他回这个家!"

如果这位父亲换一种方式:平等协商,就事论事,那么谈话的效果就不一样。他可以这样跟孩子交流:"儿子,过来坐下,我们聊聊。你看你的成绩上不去,你有没有分析过是什么原因?上课能不能听得懂?要不要请老师辅导?爸爸真的很着急,很想帮助你,却不知道从何处下手。你想过怎么改变这个现状吗?"我想孩子听了父亲的这番话,一定很感动,一定会坦诚地告诉父亲自己的想法和感受,然后父子俩一起共同协商解决的办法,冲突也就不会发生。

青春期孩子的最大愿望就是渴望尊重、渴望独立,希望别人把他们当作成人,希望平等相待。这就要求家长转变角色,转变教育观念,改变居高临下、命令式的单向教育,采取平等、探讨式的双向教育。父母要想和孩子保持良好的亲子关系,就要放弃高高在上的位置,把自己放到孩子平等的位置上,和孩子平等相处,才能真正聆听孩子的心声,了解他们的真实想法。真正的平等是建立在尊重、信任、理解和支持的基础之上的。没有这些就没有真正的平等。据调查,90%以上的青少年有了苦恼不是向父母和老师诉说,而是找朋友倾诉。那些顺利、平稳度过青春期的孩子,大多具有良好的家庭气氛、和谐的亲子关系。

为了帮助中学生了解自己的心理适应情况,下面为大家提供一份具体的心理小·测验。

1.我最怕转学或转班,每到一个新的环境,我总要经过很长的一段时间才能适应。

　　A.是　　　B.无法肯定　　　C.不是

2.每到一个新的地方,我很容易同别人接近。

A.是　　B.无法肯定　　C.不是

3.在陌生人面前,我常无话可说,以至感到尴尬。

A.是　　B.无法肯定　　C.不是

4.我最喜欢学习新知识或新科学,它给我一种新鲜感,能调动我的积极性。

A.是　　B.无法肯定　　C.不是

5.每到一个新地方,我第一天总是睡不好,就是在家里,只要换了一张床,有时也会失眠。

A.是　　B.无法肯定　　C.不是

6.不管生活条件有多大变化,我也能很快习惯。

A.是　　B.无法肯定　　C.不是

7.越是人多的地方,我越感到紧张。

A.是　　B.无法肯定　　C.不是

8.在正式比赛或考试时,我的成绩多半不会比平时练习时差。

A.是　　B.无法肯定　　C.不是

9.我最怕在班上发言,全班同学都看着我,心都快跳出来了。

A.是　　B.无法肯定　　C.不是

10.即使有的同学对我有看法,我仍能同他(她)交往。

A.是　　B.无法肯定　　C.不是

11.老师在场的时候,我做事情总有些不自在。

A.是　　B.无法肯定　　C.不是

12.和同学、家人相处,我很少固执己见,乐于采纳别人的看法。

A.是　　B.无法肯定　　C.不是

13.同别人争论时,我常常感到语塞,事后才想起怎么反驳对方,可惜已经太迟了。

A.是　　B.无法肯定　　C.不是

14.我对生活条件要求不高,即使生活条件很艰苦,我也能过得很愉快。

A.是　　B.无法肯定　　C.不是

15.有时自己明明把课文背得滚瓜烂熟,可在课堂上背的时候,还会出差错。

A.是　　B.无法肯定　　C.不是

16.在决定胜负成败的关键时刻,我虽然很紧张,但总能很快地使自己镇定下来。

    A.是   B.无法肯定   C.不是

17.我不喜欢的东西,不管怎么学也学不会。

    A.是   B.无法肯定   C.不是

18.在嘈杂混乱的环境里,我仍然能集中精力学习,并且效率较高。

    A.是   B.无法肯定   C.不是

19.我不喜欢陌生人到家里来做客,每逢这种情况,我就有意回避。

    A.是   B.无法肯定   C.不是

20.我很喜欢参加社会活动,我感到这是交朋友的好机会。

    A.是   B.无法肯定   C.不是

【计分方法】

1.凡是单数号题(1、3、5、7……)

是,-2分;无法确定,0分;不是,2分

2.凡是双数号题(2、4、6、8……)

是,2分;无法确定,0分;不是,-2分

将各题总分相加即得总分。

【结果分析】

35~40分:社会适应能力很强。能很快适应新的学习、生活环境。

29~34分:社会适应能力良好。

17~28分:社会适应能力一般。

6~16分:社会适应能力较差,依赖于较好的学习、生活环境,一旦遇到困难易怨天尤人甚至消极。

5分以下:社会适应能力很差,在各种新环境中,即使经过相当长时间的努力,也不一定能够适应,常常因感到与周围事物格格不入而十分苦闷。在与他人的交往中,总显得拘谨、羞怯、手足无措。

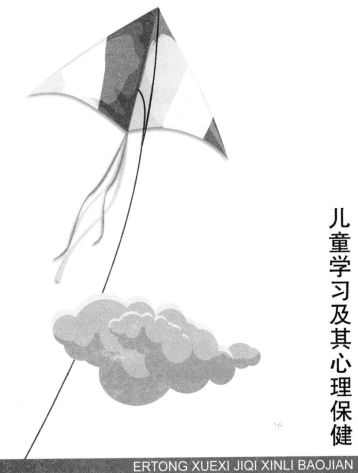

儿童学习及其心理保健

ERTONG XUEXI JIQI XINLI BAOJIAN

10

第一节 儿童学习兴趣的激发

第二节 儿童学习方法的掌握

第一节　儿童学习兴趣的激发

一、兴趣知多少

比尔·盖茨的名字大家都知道,就是他一手创下微软公司,并使自己的Windows 产品传遍了世界的每一个角落。但是你知道他是怎样迷上计算机的吗?

1967 年秋,11 岁的小比尔·盖茨进入美国西雅图的湖滨中学。一次偶然的机会,计算机神奇的运算能力和严密的逻辑让偏爱数学的小盖茨着了迷。自那以后,他的全部兴趣和空闲时间都投入到计算机上。在家中每天早晨,他起床后第一件事就是坐在一大堆计算机书籍前急切地翻阅;一到学校,总是寻找机会将自己关到计算机房,实践学到的知识。在湖滨中学,小盖茨很快发现了一群同他一样对计算机如痴如醉的小伙伴,并同他们成为好朋友。兴趣的力量使比尔·盖茨在人生的道路上选择了计算机;也正是因为共同的兴趣,他结识了一批好朋友,并与这些好友们并肩开创了微软公司。

牛顿小时候对机械特别有兴趣,喜欢拆钟表、风车、走马灯等。正是由于强烈的兴趣,牛顿成功地发现了力学三大定律和万有引力定律,创立了经典力学。因此,培养孩子的兴趣十分重要。

二、兴趣是最好的老师

爱因斯坦说过:"兴趣和爱好是最好的老师。"兴趣是什么? 兴趣就是不讨厌,兴趣就是很喜欢。兴趣总和人们的愉快情绪相联系,人们对某个事物有了兴趣,就会优先注意它们,并积极主动地认识和探究它,有时甚至会让人废寝忘食。相反,如果对知识、对科学没有兴趣,把学习看成是一种负担,一件苦差事,甚至一拿起书来就头疼,当然不会有好的学习效果。法国昆虫学家法布尔在儿童时代就表现出对自然界的强烈兴趣,他在回忆录中写道:"我只要乌鸦和啄榭树的松鸡,就是一年没有朋友也可以过得去。要是地衣中有橙色、白色或桃红色的美,或是草地上有小花开放,那我一点也不会觉得无聊。"

兴趣和爱好是发展能力、取得成功的重要条件。兴趣和爱好所激起的学习和探索的力量是无穷的。从许多科学家的故事中可以发现,兴趣往往是促使他们干出一番事业的重要因素。兴趣可以使达尔文把甲虫放到嘴里,可以使舍勒去尝氢氰酸,可以使爱因斯坦忘记家门,使陈景润头碰电线杆而不知。同样,兴趣对学习活动也是一种强大的动力。著名美籍华裔物理学家丁肇中教授,把读博士的时间从 10 年缩短到 6 年,记者问他在学习时是否感到苦恼,他回答:"一点也不,没有任何人强迫我这样做,正相反,我觉得很快活。因为我有兴趣,我急于要探索物质世界的秘密。"这就是兴趣对学习的强烈推动。

兴趣除了让我们对所喜欢的事物爱不释手,孜孜以求外,还是人际交往的桥梁。共同的兴趣是友谊关系的纽带。另外,兴趣还是调节情绪、保持快乐的良药。在遭遇挫折时,兴趣会成为避开烦恼、调节情绪的极佳途径。那么,怎样才能使自己的学习兴趣增强呢?

第一,不是只去做感兴趣的事,而要感兴趣地去做一切该做的事。不要指望你对所有的课程都感兴趣,你可能觉得数学没啥用,语文太枯燥,似乎只有物理还有点意思,这是正常的。但是为了系统地掌握知识,每当拿到一本新书,不要让自己抱着索然无味或厌倦的心理去打开书的第一页。而是一开始就注意培养自己对这门课的兴趣。在学习中遇到不懂的地方或感到乏味时,在内心对自己说:"这个地方我没有学懂,再继续学,学会了,一定是很有趣的!"记住,兴趣是可以由你自己产生的,关键是自己要有积极的态度。

第二,认真是对学习产生兴趣的主要源泉。小猫钓鱼的故事告诉我们,认真和兴趣的关系是成正比的。学习中多用一点工夫,便能取得很不错的成绩,再提高一点兴趣,再多下一点工夫,成绩提高得就更快。这样下去,形成良性循环,对学习的

兴趣就会浓厚起来。

第三,自信心是增强学习兴趣的保障。有位心理学家曾做过这样一个实验:要求同学们对一位看起来很愚笨,很不招人喜欢的姑娘改变看法,于是大家纷纷以积极的态度接近这位姑娘,不断给她赞美,结果一年后,这个姑娘真的变得漂亮而可爱了,与以前判若两人。这就是自信心的作用。因此,要想获得积极进取的学习态度,就必须首先建立自信心。

第四,情感是产生学习兴趣的"催化剂"。现代人工智能所面临的难题就是,尽管人们把大量的程序加进计算机中,但计算机仍远不能达到人脑的水平。一个重要的原因就是因为它没有情感,因而也没有思想。如果你在学习中没有真正投入情感,做一天和尚撞一天钟,你就不可能有积极主动的学习态度。学习是被动的,自然没有兴趣可言,更不必谈好的学习效果了。

三、家长如何激发儿童的学习兴趣

做父母的一定都有这样的体会:孩子对感兴趣的事情不仅会积极投入,而且能牢牢记住,比如,家长带孩子到现代化的游乐场,孩子会对那逗人喜爱的"碰碰车",天旋地转的"三环滑车"、惊心动魄的"激流勇进"……产生极大的兴趣,虽然只乘坐过一次,但每当谈论起来,孩子会"记忆犹新""历历在目"。兴趣是人对客观事物的一种带有情绪色彩的认识倾向。一旦孩子对某事物产生兴趣,强烈的求知欲就会进一步促使孩子主动学习,取得事半功倍的效果。应该如何激发孩子的学习兴趣呢?

首先,要使孩子意识到学习是他自身的需要。因为兴趣是在一定的需要基础上产生的,因此,父母应让孩子多参加各种有益有趣的活动,在活动中,孩子会发现他所不理解的新奇问题,从而产生学习的需要。有的父母怕影响孩子文化课的学习,不愿让孩子参加学校的兴趣小组,这种做法恰恰是放弃了激发孩子学习兴趣的好机会。

其次,要使学习活动本身具有吸引力。不要指望你的孩子对所有的课程都感兴趣,他可能觉得数学没啥用,语文太枯燥,似乎只有物理还有点意思,这是正常的。孩子对学习的兴趣多半是由于学习活动本身的吸引力所引起。比如孩子喜欢上学,可能是觉得坐在明亮的教室里,与小伙伴们一道读书、写字是很有趣的。根据儿童兴趣特点,父母应让孩子多与小伙伴来往,交流各自所学的知识。再如小学生的认知水平处于具体形象性阶段,对事物的感知、记忆和思维一般要借助实物和具体形象。所以,家长和老师在传授知识或辅导学习时,应当在孩子面前适时适量地呈现一些实物、模型和图片,甚至还可以做一些小实验,给孩子一些直观形象,这样再配以讲解。孩子易于理解和接受,也容易激发起孩子的学习兴趣。

情感是产生学习兴趣的"催化剂"。现代人工智能所面临的难题就是,尽管人们把大量的程序加进计算机中,但计算机仍远不能达到人脑的水平。一个重要的原因就是因为它没有情感,也没有思想。如果你的孩子在学习中没有真正投入情感,做一天和尚撞一天钟,他就不可能有积极主动的学习态度。学习是被动的,自然没有兴趣可言,更不必谈好的学习效果了。社会要求孩子们掌握系统的科学文化知识,但是系统的知识并非每个环节都对孩子有吸引力。如:孩子在开始学习乘法口诀时,对众多的数字感到枯燥乏味,但当孩子用自己掌握的"五五二十五",去解决"5+5+5+5+5"的具体问题后,孩子就会对学习乘法口诀产生浓厚的兴趣,为了追求到这个结果,就会坚韧顽强地反复背诵,灵活机巧地寻找更好的学习方法。因此,父母应该不断地向孩子讲清各项学习结果的实际意义是什么,使孩子有兴趣地学习。

最后,要注意培养孩子的积极兴趣。有了积极的学习兴趣,孩子就不会只是被动地等待给他有趣的学习内容来学习,而是自觉主动地择求知识。假如孩子对听故事很感兴趣,那就别只让他听,应该鼓励他自己编讲故事。在积极的活动中,表现出更扎实、更深入的学习行为。

第二节　儿童学习方法的掌握

一、神奇的学习风格

校园里静悄悄的,正是期终考试的时间,同学们都在认真地答卷。突然,从校外传来了刺耳的切割机声,持续不断,校园里的宁静被打乱了。紧接着,教室里也有了各种各样的动静。面对着嘈杂的噪音,不同的学生有了不同的反应。有的同学向窗外看了看,然后就像没听见一样,低下头,继续奋笔疾书,专心考试,噪音对他几乎没有什么影响。有的同学,眉头皱了,思绪也乱了,想强迫自己静下心来,可是,却感觉那刺耳的噪音直往脑子里钻,再也无法回到原来的思路中去。最终,考试也砸锅了。

面对嘈杂的噪音,为什么有的同学能丝毫不受影响,有的同学却难以静下心?同样的难题,为什么有的同学反应迅速,却不周密,有的同学能深思熟虑?

乐乐上小学了,老师开始布置背诵古诗词的作业。妈妈用"理解记忆—反复诵读—尝试记忆"等科学的记忆策略来训练乐乐,可是,一首诗折腾了半个小时,乐乐还是背不下来,这让妈妈又气恼又担心,这样的记忆能力怎能完成今后繁重的学习任务!意外的是,双休日抽查时,乐乐顺畅地背出了好几首诗词,包括两首回家后没念过的。原来,乐乐是"听"会的。在学校里,老师用集体背诵、个别抽查的方式检查了学生多次,听着听着,诗词的内容就映入了乐乐的脑海。

这个新发现启发了妈妈,通过进一步观察,她发现了乐乐独特的记忆方式:第一,对乐乐来说,看、念、写的记忆效果都不及听的效果。第二,背课文时,乐乐喜欢在房间里走来走去。这不仅没有影响他的记诵,反而使他思绪更为集中、流畅。第三,乐乐偏爱独自学习,不喜欢妈妈在一旁督促。

于是,妈妈买来适合低龄儿童的诗词磁带和 CD,每天早晨 7 点开始播放,既能唤醒乐乐起床,又在不知不觉中帮他记诵诗词。她还鼓励乐乐在背诵诗词时,不必正襟危坐,可以任意采用自己喜欢的姿势。在乐乐掌握了记忆策略后,妈妈便抽身而退,建议乐乐:"一个人时,可以用纸片遮住诗句,一边回忆一边核对。"调整了方法后,乐乐的诗词记诵问题迎刃而解。看来,很多时候,不是孩子的学习能力不够,而是成人的学习策略不当,不符合孩子的学习风格。

通常,我们对孩子在能力和性格上的个别差异比较关注,却常常会忽略孩子学习风格上的差异。学习风格指的是一个人喜欢或经常使用的学习方式以及表现出来的相应的学习特征,如案例中乐乐对听觉通道、随意姿势、独自学习的偏好。

学习风格是学习者持续一贯的带有个性特征的学习方式,是学习策略和学习倾向的总和。这里学习策略指学习方法,而学习倾向指学习者的学习情绪、态度、动机、坚持性以及对学习环境、学习内容等方面的偏爱。有些学习策略和学习倾向会随学习任务、学习环境的不同而变化,而有些则表现出一贯性,成为一种相对稳定的个性特征。那些持续稳定表现出来的学习策略的学习倾向就构成了学习者所具有的学习风格。

学习风格参与并调节学习活动,决定着学习的基本进程,它也是构成学生个别差异的要素之一。学习风格本身不反映学习者水平的高低,只反映方式的不同。每种方式并无绝对的好坏之分,而是各有其长短、优劣。研究表明,只有发挥个人学习风格特征中的优势,尽量降低劣势,才能学得更好。

学习风格又称为认知风格、认知方式,是指个体偏爱的信息加工方式。专家学者们研究得出结论认为,在一个人学习成功的主要因素中,知道自己的学习风格,并选择与学习风格相匹配的学习方法是极为重要的一方面。学习风格主要涉及两个维度四种类型。根据认知方式的不同,学习风格主要表现为场独立型与场依存型、冲动型和沉思型两类不同的学习风格。

第一,场独立型和场依存型。场独立型者对客观事物做判断时,倾向于利用自

己内部的参照,不易受外来因素影响和干扰;在认知方面独立于周围的背景,倾向于在更抽象和分析的水平上加工,独立对事物做出判断。场依存型者对物体的知觉倾向于以外部参照作为信息加工的依据,难以摆脱环境因素的影响。他们的态度和自我知觉更易受周围的人,特别是权威人士的影响和干扰,善于察言观色,注意并记忆言语信息中的社会内容。

场独立型、场依存型与学生的学习有着密切的关系。研究表明,场独立型学生一般偏爱自然科学,且成绩较好,两者呈显著正相关。场依存型学生一般较偏爱社会科学,他们的学习更多地依赖外在反馈,他们对人比对物更感兴趣。他们的社会科学成绩较好而自然科学成绩较差。

从学习策略看,场独立型学习者喜欢独立自觉地学习,他们的学习动机往往以内在动机为主。而场依存型学习者则易受外界暗示,学习欠主动,多由外在动机支配。从教学偏好看,场独立型学习者易于给无结构的材料提供结构,比较易于适应结构不严密的教学方法。反之,场依存型学生喜欢有严密结构的教学,因为他们需要教师提供外来结构,需要教师的明确指导与讲解。

第二,沉思型与冲动型。沉思与冲动的认知方式反映了个体信息加工、形成假设和解决问题过程的速度及准确性。沉思型学生在碰到问题时倾向于深思熟虑,用充足的时间考虑、审视问题,权衡各种问题解决的方法,然后从中选择一个满足多种条件的最佳方案,因而错误较少。而冲动型学习者则倾向于很快地检验假设,根据问题的部分信息或未对问题作透彻的分析就仓促做出决定,反应速度较快,但容易发生错误。

从解决问题的策略看,沉思型学习者往往表现出更成熟的解决问题策略,更多地提出不同假设,更易自发地或在外界要求下对自己的解答做出解释。而冲动型学生则很难做到,即使在外界要求下必须做出解释时,他们的回答也往往是不周全、不合逻辑的。而且沉思型学生能够较好地约束自己的动作行为,忍受延迟性满足,比起冲动型学生,更能抗拒诱惑。

在阅读学习方面,沉思与冲动两种方式存在明显差异。一般来说,沉思型学生阅读成绩好,再认测验及推理测验成绩也好于冲动型学生,而且在创造性设计中成绩优秀。相比之下,冲动型学生往往阅读困难,较多表现出学习能力缺失,学习成绩常不及格。不过,在某些涉及多角度的任务中,冲动型学生则表现较好。

任何一种学习风格,既有其优势、长处,也有劣势、不足,既有利于学习的一面,也有妨害学习的一面。我们应该充分发挥个人学习风格的长处,弥补其不足。在学习过程当中,一方面应该采用与学习风格中的长处或自己所偏爱的方式相一致的学习方式;另一方面,要针对个人学习风格中的短处进行有意识弥补的学习对策。我们将前者称为匹配策略,后者称为有意失配策略。匹配策略有利于知识的获得,可使学生学得更快、更多,但却无法弥补他们在学习方式或机能上的不足。有意识的失配策略开始时可能会在一定程度上影响知识的获得,表现为学习速度慢、数量少,但坚持使用可以弥补学习方式或机能上的不足,有利于以后的学习和发展。

二、优化学习策略

在一次班会上,老师请学习成绩一直很好的王亮、李伟、周明等几位同学介绍学习经验。

王亮说:"我有一个习惯,晚上放学后不急于写作业,因为经过一天紧张的学习,大脑已经很疲劳了。于是我先睡上一觉,然后再学习,学习效率很高。"

李伟同学也有自己独特的方法,就是很少背,英语从不背单词,只是背课文;政治不背,只重视基本理论的理解;历史、地理也不背……

周明同学的意见不同于李伟,他说自己的优异成绩正是得益于坚持不懈的"死记硬背",尤其是外语和语文。他将6~9个单词作为一组写在一张卡片上,随身携带,每天利用零散的时间背英语单词,效果非常好……

他们的方法都有一定的道理,对同学们的启发也很大。但过了一段时间,老师发现班里有些同学总是不能完成家庭作业,调查得知他们中有的回家吃完饭倒头便睡,说是睡一会儿再学习,可一觉就睡到了天亮。英语老师也反映班上有的同学听写单词时错误太多。也有的同学抱怨说:"周明不会是骗我们吧? 我照他的方法背单词,前两天觉得还好,可背多了就易混淆。"

故事对于我们是有几点启示的:第一,要想取得好的学习成绩,必须拥有合理的、较好的学习方法。第二,每个人都会有自己独特的学习方法。不是每一种学习方法都适用于任何人,适合自己的才是最好的学习方法。第三,要学会借鉴一些好的学习方法,在运用的过程中加以体会,然后将其加以改动,使之变成自己较好的学习方法,让自己的学习事半功倍。第四,死记硬背,题海战术并不是一个有效的学习方法。

当孩子面对一道难题手足无措时,作为家长,你循循善诱,非常耐心地对孩子进行讲解,可讲了好几遍,孩子依旧一头雾水,不知所云。于是,你只好换一种方法换一个角度启发孩子,这时只是稍加点拨,孩子便豁然顿悟,触类旁通了。这里我们看到的是不同学习策略的选择对孩子学习的不同影响。同样,孩子在自主学习的过程中也时刻面临着学习策略的选择。大到一个学科,小到一道题,一个知识点的记忆,都离不开相应的学习策略。而学习策略又种类繁多,从某种程度上说,能否在最短的时间内找到适合自己的学习策略,直接决定了孩子的学习效率。但在有限的时间内,孩子不可能使用所有的学习策略,所以选择学习策略成为学习策略训练的重要环节。

对于多种学科的学习,尤其要注意不要仅以一种学习方法来应付,学习过程中要将良好的思维习惯与学习方法结合起来,互为促进,运用多种学习策略来提高学习的效果,下面就向同学们介绍几种有利于创造性思维能力培养、有助于创造性学习的具体方法。希望能对大家有所启发,借以改进自己解决问题的策略,增加你的学习"招数",提高你的学习效率。

第一,缺点列举法。即在解决问题的过程中,先将思考对象的缺点一一列举出来,然后针对发现的缺点,有的放矢地进行改进,从而获得问题的解决和成功的方

法。30年前,日本的鬼冢喜人良就是采用了缺点列举法,对篮球运动鞋进行革新,创造出新型篮球鞋的。生活如此,学习也不例外。我们不妨对自己现行的学习方法也来个缺点列举法,并尝试革新不足,相信你同样会获得成功。

第二,逆向思维法。人们通常只从正面去探索问题的解决方法,有时会陷入死胡同,这时如果能够反过来,从完全相反的角度去思考问题,就有可能实现问题的解决,这就是逆向思维法。电能生磁,磁能否生电呢?法拉第通过逆向思维,造出了世界上第一台发电机。爱迪生想,谈话的声音能使短针颤动,那么反过来颤动应能发出原先说话的声音,从而发明了第一台留声机。数学中的逆运算、几何中的逆推法等,都是逆向思维法的实际运用。当在学习过程中遇到无法解决的题目时,尝试一下从完全相反的方向思考,这也许会使你豁然开朗。

第三,质疑思维法。质疑思维法就是不唯书、不唯上,敢于向权威挑战,善于发现问题,勇于提出问题,产生新思想和新方法的一种思维。数学家华罗庚是自学成才者,他曾发现当时一位教授的分式推导有误,于是他便反复验证,大胆质疑。这很值得我们学习。

第四,发声思维法。把头脑里的思维过程说出来,使自己能清晰地知道自己是如何完成学习活动的,这样有助于练习自我监控和体验自我监控。比如:在做一道立体几何题时,我们可以把思考问题的过程小声地说给自己听:"这道题目,归根结底是求二面角大小的""一般求二面角的方法有几种,一是利用三重线定理,还可以利用射影面积来求……""再看看这道题目给的条件,用第一种方法比较好""用第一种方法计算起来还缺少一个数据,这和我预料的不一样,看看用第二种方法""对了,所给的条件恰好适用,一步一步地推理,果然是的。""这道题目很有意思,我差点中了它的圈套,幸亏我及时换了思考的角度",最后还可以再问问自己:"这道题暴露了我哪方面还有不足"等。

第五,齐姆曼学习方法。

第一步:自我评价。学习中有意识地对"学得怎么样了"进行自我评价。第二步:组织与转换。对学习的材料重新排列整合。第三步:目标确定和计划制订。明确学习目标、学习步骤,并制订具体的计划和日程表。第四步:寻求知识。在完成一项任务时,力求对相关的系统知识有所准备。第五步:记录与监督。记好课堂笔记和学习日记。第六步:自我预测后果。对学习的结果进行预测,并给自己一定的奖惩。第七步:安排环境。给自己设置有利于学习的环境。第八步:练习和记忆。利用有效的练习方式来帮助记忆。第九步:寻求社会帮助。有困难主动向同学、老师求得帮助。

三、学习变通术

20 世纪 50 年代中期,美国科学家沃森和英国科学家克里克,从英国科学家威尔斯所拍摄的 X 射线衍射照片上,发现了遗传物质脱氧核糖核酸(DNA)的分子结构,提出了著名的脱氧核糖核酸双螺旋结构,标志了分子生物学时代的开始。1962年,由于这一发现,他们三人获得了诺贝尔医学奖。

遗憾的是,当时英国女科学家富兰克林也在研究脱氧核糖核酸的分子结构,而且早在 1951 年就已经从自己拍得极好的 X 射线衍射照片上,发现了脱氧核糖核酸的单螺旋结构,后来居上的那个美国科学家沃森还听过她的演讲,但她却于 1952年放弃了自己的脱氧核糖核酸螺旋假说,把一个伟大的发现拱手送给了别人,与诺贝尔奖失之交臂。

故事中的主人翁均是因为思维的功能固着,没有跳出一贯的想法而失败的。德国心理学家邓克尔首先提出"功能固着"这个概念,是指一个人看到某个物品有一种惯常的用途后,就很难看出它的其他用途。这种功能固着使我们倾向于以习惯的方式运用物品,从而妨碍以新的方式去运用它来解决问题。克服这种功能固着需要大家机智地使用已有的工具或材料,使之服务于解决问题的目的,即功能的变通。功能变通与功能固着的作用相反,要有这种功能,一方面需要丰富的知识,要熟悉物体的不同功能;另一方面也要具有思维的灵活性。打破固有的思路,用全新的方法去思考,去解决问题,使自己的思维更灵活,思路更开阔,为此同学们必须

在平时加强锻炼,多做一些脑筋急转弯和一题多解之类的题目。

所谓功能固着心理,是指一个人看到一种惯常的事物功用或联系后,就很难看出其他新的功用和联系;如果初次看到功用或联系越重要,也就越难看出它的其他用途。"功能固着"现象使我们趋向于以习惯的方式运用物品,从而妨碍以新的方式去运用它来解决问题。

为什么会产生功能固着这种心理现象呢?这是因为一个人在遇到新出现的问题时,总是容易用过去处理这类问题时的方式或经验来对待和解决新出现的问题。如果在一切条件都没有发生变化的情况下,运用已有的经验和方法会使问题得到迅速解决,提高工作和学习效率。但是如果在条件已经发生变化的情况下,仍然照搬过去的老办法,以固定的模式去应付多变的生活和学习,就会走许多弯路,使问题不能很好地解决。

一个人对某种物体的通常用途越熟悉,就越难发现这种物体在其他方面的新功能。例如:发卡是女同学用来卡头发的,所以有些人想不到它可以充当螺丝刀拧螺丝钉;尺子是用来测量物体长度的,有些人则想不到它还可以做教鞭和指挥棒;有些人手中有尺子则能测量物体的长度,没有尺子则完不成任务等,都是受物体的一般固定功能所限制而不能变化思考的结果。功能固着的消极影响是十分巨大的,因此我们一定要消除其消极影响。

消除功能固着的消极影响能消除一个人对物体用途方面的呆板、机械的认识,使其对物体的用途认识更丰富、更全面,使思维变得灵活和敏捷。

有一次,德国化学家李比希去英国考察,到一家工厂参观绘画颜料"柏林蓝"的配制过程。他见工人们先用药水煮动物的血和皮,调制成"柏林蓝"的原料,然后把原料溶液放在铁锅里再煮,并用铁棍长时间搅拌,边搅边把铁锅捣得咔咔响。李比希感到很奇怪,一个工头向他解释道:"搅拌锅里的溶液时,一定要用铁棍搅,而且发出的声音越大,'柏林蓝'的质量越好。"李比希笑道:"不需要这样搅,只要在'柏林蓝'原料里加点含铁的化合物就行了。用铁棍使劲磨蹭,无非是把锅上的铁屑蹭下来,使它与原料化合成'柏林蓝'。这样虽然也行,但太浪费时间啦!"

遇到问题能从不同的角度、不同的方面去考虑,使问题更加容易解决。对于培养我们的创造力有着特殊的意义,还可以增强一个人的自信心和探索新问题的勇气。那么,怎样才能消除功能固着的消极影响呢?

第一,遇到问题时能随机应变,多变换角度去思考问题,寻找答案,锻炼思维的灵活性。

第二,善于运用问题现场所提供的条件和物品,因地制宜、因陋就简地解决当前所面临的问题。

第三,在思考和解决问题的过程中,能够把有关的信息向各个方向、各个方面扩散,以此引出更多的信息,以多种设想,找出多项解决问题的方法,而且每个方案都切实可行。

第四,丰富自己解决实际问题的经验,因为解决问题是以知识和实际经验为前提的。这就要求我们不仅对周围事物的通常用途特别熟悉,而且对其他用途也十分清楚,只有这样才能在解决问题的过程中应付自如。

第五,我们既要有常规的解决问题的方法,又要养成勤于动脑和善于思考的好习惯。

四、考试百宝箱

考试是一种常见的教育现象,随着社会发展和教学改革,考试的内容、手段、方式等都发生了新的变化,但它作为评价教育质量、衡量教学效果、鉴别人才素质和选拔人才等的功能却很少改变。考试是学生面临的主要应激源之一,对学生的身心健康有很大影响。考试焦虑是一种复杂的情绪现象,考生在考试期间心理上的紧张、不安、担心、忧虑、恐惧等在情绪上的反应都可称之为考试焦虑。它可分为两大类:一类是指在考试来临前的一段时间内持续存在的焦虑;另一类是指在考试过程产生的焦虑,如"怯场""晕场"等。考试焦虑产生时,会伴随一系列的生理反应和心理反应。最初的状态反应如肌肉紧张、心跳加快、血压增高、出汗、手足发凉

等,也包括系列的心理反应如苦恼、烦躁、无助、担忧等情绪体验,有时也会产生胆怯、缺乏信心和自我否定的心理等。当考试焦虑加剧时,其状态反应也更为强烈,如眼花耳鸣、头痛脑昏、注意力无法集中、思维处于僵滞、停顿状态,严重的还可能伴随呼吸困难、尿急、尿频、呕吐、腹泻甚至昏厥等,"晕场"就是其最为典型的一种表现。

考试焦虑对学习和考试造成的影响是双重的,适度的考试焦虑有助于精力更加集中、知觉更加敏锐、思维更加灵活,对学习和考试具有积极作用。但过度的考试焦虑对学习和考试具有不利影响,它会降低学习效率、影响考试成绩,甚至形成焦虑型人格,进而对身心健康造成潜在的危害。目前,学生中存在的严重考试焦虑是一个亟待解决的学校心理健康教育问题。

那么,怎样克服焦虑的心理调适呢?考试焦虑可以采用多种方法来进行自我训练、自我心理调适,从中加以克服。

第一,端正应试动机,减轻心理负担。每位考生对考试的意义都要有客观正确的认识,树立正确的应试动机。考试作为一项复杂的脑力劳动,需要考生保持清醒的头脑和中等程度的焦虑,以保证在应试中正常发挥水平。反之,把考试的意义片面夸大,甚至把考试与个人终生的成就、事业和幸福等紧紧联系在一起,考试还未来临就惶惶不可终日,带着强烈的求胜动机和沉重的心理负担去复习、应试,结果情绪焦虑程度越积越强烈,临场发挥时事违人愿。因此,越是临近重大的考试,越要适度降低求胜动机,减轻心理负担,真正做到轻装上阵。当然这绝不意味着要求考生对考试抱消极应付的态度,而毫不准备、毫无压力地参加考试,其根本目的仍然是要求考生保持旺盛的精力和积极的心理状态来应试。

第二,做好充分准备,形成良好的应试状态。充分而良好的准备状态,是预防考生产生过度焦虑的最有效方法。考前的准备工作很多,如物质准备、知识准备、体能准备、心理准备等,可谓缺一不可。一般说考生对考前的物质准备(如应试时所需文具等)、知识准备(如全面认真地复习等)已达最高限度,对应试结果的影响

相互间差异较小,而影响应试结果差异最显著的是考生体能准备和心理状态。比如体能准备,一些考生在考前拼命复习功课,开夜车,作息时间颠倒,生理功能紊乱,睡眠不足,缺乏体育锻炼和文娱活动,致使大脑过度疲劳,体能下降、精力不济,这无疑极大损害了考前良好的体能准备,加之心理上的紧张焦虑,临场时"晕场"的可能性增大。需特别指出的是,有些考生在考前为保持旺盛的精力,饮服大量的高脂肪、高蛋白的营养品,不注意饮食卫生和习惯,造成消化不良和肠胃功能紊乱,体能不仅没有增强反而下降。考前适量补充营养是完全必要的,但一定要注意适度,防止暴饮暴食。无论是体育竞赛还是各种考试的经验都已证明,缺乏良好的体能准备是难以在竞技应试中发挥正常水平的。俗语"大考大玩,小考小玩"中"玩",事实上就是娱乐,对待考试,既不能采取儿戏的态度,也不必如临大敌。要有张有弛、劳逸结合,紧张学习之余的娱乐,可以使人消除生理疲劳、恢复体能,还可以使人情绪轻松、压力减轻,从而防止高强度焦虑的产生。反之,考前忧心忡忡,神思恍惚,焦虑不安,好似大祸临头,缺乏良好的心理准备,这样在困难还未出现时,就已被困难吓倒。所以有人说:很多人不是被困难击倒,而是被他们自己击倒。因此每位考生在考前都应积极调整自己的心理,既要对应考时各种困难挫折客观而科学地评价,又要有克服困难挫折的充分的心理准备。

第三,冷静处理"怯场"。怯场是考生在应试过程中,在考试情境与考试本身的强烈刺激下,引起情绪高度紧张和焦虑,难以控制自己的心理活动,使心理活动暂时中断或失调的现象。这种情况轻者可称为怯场,重者叫作晕场,怯场是考试焦虑最典型的一种。事实表明,只有极少数学生在重大考试时,因应试经验不足等原因而出现怯场现象。当怯场现象发生时,因少数考生经验不足,缺乏有效的处理方法,结果严重干扰了自己的正常应试。但只要有所准备,掌握必要的技巧,也可以顺利渡过这一危机期。

首先当考生意识到自己已出现怯场现象时,最重要的是冷静、镇定,最忌惊恐慌乱,否则会加重不良反应。有几种缓解方法可供借鉴。其一是安静下来,暂停阅卷、答卷,静静伏在桌子上稍作休息,转移注意力,停止有关应试活动的强制性回忆。一般情况下,短时间内就可以消除怯场,正常应试。其二是遇到怯场,可用"调整呼吸法",即遇到情绪极度紧张时,停止有关活动,全身放松,多次做深而均匀的呼吸,这样也会很快消除怯场。其他的方法还有,遇到怯场时,暂时停止答卷,转移注意力,默数数字,从"1"一直数下去。或闭上双眼,全身放松,想象一个大气球有一小孔漏气,气球由大慢慢地变小,等等。这些方法都可反复使用,不仅可以有助于克服怯场,对考生一般的考试焦虑也有缓解作用。

为了防止应试过程中的怯场,考生还可以在考前短暂的几十分钟里,做一些积极的准备活动。例如考前的半小时内,不要继续进行高度紧张的复习,避免谈论和考虑有关考试的问题,听听轻松悦耳的音乐,独自或与家人、同学散散步、聊聊天,简单活动活动身体。天气炎热可以用较短的时间冲个凉,喝杯凉开水。考前不要急于跨进考点、考场,稍有提前即可。跨进考场后要简单熟悉一下环境,然后安静地在自己的座位上坐下来。拿到试卷后,先填写有关身份栏目,然后再挑选试题中难度小、最有把握的题目开始做起,答题时先慢后快,以逐渐适应考场内的紧张气氛,不断获得成功,以求自我鼓励,增加信心。这些活动及过程都有助于减轻心理压力,防止怯场发生。

第四,系统脱敏法。在对考试焦虑进行系统脱敏时,可按照下列等级程序来进行:

(1)学期结束了,没有考试了。

(2)听说我不认识的人将要参加一次考试。

(3)有位熟人告诉我,他要参加一次正规考试。

(4)班主任宣布,三天后将进行一次小测验。

(5)班主任宣布,两周后将进行期中考试。

(6)我大约是在临考前第十天,开始为考试做准备。

(7)现在距离考试还有一个星期,我复习得还很不够。

（8）考试前三天,我变得特别紧张,开始感到难以集中思想。

（9）考试前一天,我的手掌变得潮湿,并且感觉把一切重点都忘记了。

（10）考试前一夜,我失眠,并且半夜惊醒。

（11）我走在去考场的路上,觉得自己摇摆不稳,几乎生病了。

（12）当我走进教室时,我双手潮湿,我真把一切都忘了,我真想离开。

（13）我坐在考场里,等待着发卷,脑子好像失去了知觉。

（14）当监考老师开始发卷时,我几乎全身紧张,无法行动。

（15）我拿到了考卷,开始做题之前,我把试卷仔细地看了一遍。

（16）我中断考试,考虑自己怎样才能比其他人做得更好。

（17）我从余光中发现监考老师就在我附近走动。

（18）我被一道试题难住了。

（19）我看见有人已开始交卷,可我还有不少题没做完。

（20）时间几乎快到了,我根本做不完了。

此外,在考试中也要注重应试技巧。应试技巧一般表现在准备环节、重要环节、中心环节和检验环节这四个环节中。具体说来如下:

准备环节——做好考前准备,以免因小失大。具体来说,要做好两方面准备:（1）熟悉考场环境,避免心理紧张,保持清醒的头脑;（2）要准备好所需用品,如准考证、钢笔、墨水、铅笔、小刀、圆规、量角器、尺子、手表、手绢等。

重要环节——浏览试题,认真审题。这是在下笔答题之前要做的,主要注重三个方面:（1）全盘思考,掌握全局;（2）分析试题,仔细领会;（3）逐字逐句,思考题型。

中心环节——冷静沉着,认真细心。这个环节要注意两个方面:首先要遵循答题的四个原则:（1）先易后难;（2）求准的基础上求快;（3）选择题不会做的不妨猜测;（4）掌握好时间。其次要注意答题的基本要求:（1）弄清题目的条件与要求;（2）答案简明扼要,切忌画蛇添足;（3）提高求准水平,争取一次成功;（4）每题粗略地分配一下时间。

检验环节——重视复查环节,把好最后一关。这里有检查答卷的方法:(1)检查顺序:从头开始,向后检查;(2)耐心检查:认真细心,逐字逐句地检查;(3)逆向检查,克服错误的习惯化的思维定向。出现答案模棱两可的情况尽量相信自己的第一感觉。

学习风格自测。通过自测,了解自己的学习风格。

1.为了较好地理解某些事物,我首先:(a)试试看;(b)深思熟虑。

2.我办事喜欢:(a)讲究实际;(b)标新立异。

3.当我回想以前做过的事,我的脑海中大多会出现:(a)一幅画面;(b)一些话语。

4.我往往会:(a)明了事物的细节但不明其总体结构;(b)明了事物的总体结构但不明其细节。

5.在学习某些东西时,我不禁会:(a)谈论它;(b)思考它。

6.如果我是一名教师,我比较喜欢教:(a)关于事实和实际情况的课程;(b)关于思想和理论方面的课程。

7.我比较偏爱的获取新信息的媒体是:(a)图画、图解、图形及图像;(b)书面指导和言语信息。

8.一旦我了解了:(a)事物的所有部分,我就能把握其整体;(b)事物的整体,我就知道其构成部分。

9.在学习小组中遇到难题时,我通常会:(a)挺身而出,畅所欲言;(b)往后退让,倾听意见。

10.我发现比较容易学习的是:(a)事实性内容;(b)概念性内容。

11.在阅读一本带有许多插图的书时,我一般会:(a)仔细观察插图;(b)集中注意文字。

12.当我解决数学题时,我常常:(a)思考如何一步一步求解;(b)先看解答,然后设法得出解题步骤。

13.在我修课的班级中:(a)我通常结识许多同学;(b)我认识的同学寥寥无几。

14.在阅读非小说类作品时,我偏爱:(a)那些能告诉我新事实和教我怎么做的东西;(b)那些能启发我思考的东西。

15.我喜欢的教师是：（a）在黑板上画许多图解的人；（b）花许多时间讲解的人。

16.当我在分析故事或小说时：（a）我想到各种情节并试图把他们结合起来去构想主题。（b）当我读完时只知道主题是什么，然后我得回头去寻找有关情节。

17.当我做家庭作业时，我比较喜欢：（a）一开始就立即做解答；（b）首先设法理解题意。

18.我比较喜欢：（a）确定性的想法；（b）推论性的想法。

19.我记得最牢是：（a）看到的东西；（b）听到的东西。

20.我特别喜欢教师：（a）向我条理分明地呈示材料；（b）先给我一个概貌，再将材料与其他论题相联系。

21.我喜欢：（a）在小组中学习；（b）独自学习。

22.我更喜欢被认为是：（a）对工作细节很仔细；（b）对工作很有创造力。

23.当要我到一个新的地方去时，我喜欢：（a）要一幅地图；（b）要书面指南。

24.我学习时：（a）总是按部就班，我相信只要努力，终有所得；（b）我有时完全糊涂，然后恍然大悟。

25.我办事时喜欢：（a）试试看；（b）想好再做。

26.当我阅读趣闻时，我喜欢作者：（a）以开门见山的方式叙述；（b）以新颖有趣的方式叙述。

27.当我在上课时看到一幅图，我通常会清晰地记着：（a）那幅图；（b）教师对那幅图的解说。

28.当我思考一大段信息资料时，我通常：（a）注意细节而忽视概貌；（b）先了解概貌而后深入细节。

29.我最容易记住：（a）我做过的事；（b）我想过的许多事。

30.当我执行一项任务是，我喜欢：（a）掌握一种方法；（b）想出多种方法。

31.当有人向我展示资料时，我喜欢：（a）图表；（b）概括其结果的文字。

32.当我写文章时，我通常：（a）先思考和着手写文章的开头，然后循序渐进。（b）先思考和写作文章的不同部分，然后加以整理。

33.当我必须参加小组合作课题时，我要：（a）大家首先"集思广益"，人人贡献主意；（b）各人分头思考，然后集中起来比较各种想法。

34.当我要赞扬他人时，我说他是：（a）很敏感的；（b）想象力丰富的。

35.当我在聚会时与人见过面，我通常会记得：（a）他们的模样；（b）他们的自我介绍。

36.当我学习新的科目时,我喜欢:(a)全力以赴,尽量学得多学得好;(b)试图建立该科目与其他有关科目的联系。

37.我通常被他人认为是:(a)外向的;(b)保守的。

38.我喜欢的课程内容主要是:(a)具体材料(事实、数据);(b)抽象材料(概念、理论)。

39.在娱乐方面,我喜欢:(a)看电视;(b)看书。

40.有些教师讲课时先给出一个提纲,这种提纲对我:(a)有所帮助;(b)很有帮助。

41.我认为只给合作的群体打一个分数的想法:(a)吸引我;(b)不吸引我。

42.当我长时间地从事计算工作时:(a)我喜欢重复我的步骤并仔细地检查我的工作;(b)我认为检查工作非常无聊,我是在逼迫自己这么干。

43.我能画下我去过的地方:(a)很容易且相当精确;(b)很困难且没有许多细节。

44.当在小组中解决问题时,我更可能是:(a)思考解决问题的步骤;(b)思考可能的结果及其在更广泛的领域内的应用。

【评分与解释】

把答案4个一组排下来,看每一列里a多还是b多来判断。第一列a活跃型b沉思型,第二列a感悟型b直觉型,第三列a视觉型b言语型,第四列a序列型b综合型。四种类型分别代表知识的加工、感知、输入、理解。

1.活跃型与沉思型

活跃型学习者倾向于通过积极地做一些事——讨论或应用或解释给别人听来掌握信息。而沉思型学习者更喜欢首先安静地思考问题。"来,我们试试看,看会怎样"这是活跃型学习者的口头禅。而"我们先好好想想吧"是沉思型学习者的通常反应。活跃型学习者比倾向于独立工作的沉思型学习者更喜欢集体工作。每个人都是有时候是活跃型,有时候是沉思型的,只是有时候某种倾向的程度不同,可能很强烈或一般,抑或很轻微。

2.感悟型与直觉型

感悟型学习者喜欢学习事实,而直觉型学习者倾向于发现某种可能性和事物间的关系。感悟型的不喜欢复杂情况和突发情况,而直觉型的喜欢革新不喜欢重复。感悟型的比直觉型的更痛恨测试一些在课堂里没有明确讲解过的内容。感悟型的对细节很有耐心,很擅长记忆事实和做一些现成的工作。直觉型的更擅长于掌握新概念,比感悟型的更能理解抽象的数学公式。感

悟型的比直觉型的更实际和仔细,而直觉型的又比感悟型的工作得更快更具有创新性。感悟型的不喜欢与现实生活没有明显联系的课程;直觉型的不喜欢那些包括许多需要记忆和进行常规计算的课程。每个人都是有时是感悟型的,有时是直觉型的,只是有时候其中某一种的倾向程度不同。要成为一个有效的学习者和问题解决者,你要学会适应两种方式。如果你过于强调直觉作用,你会错过一些重要细节或是在计算和现成工作中犯粗心的毛病。如果你过于强调感悟作用,你会过于依赖记忆和熟悉的方法,而不能充分地集中思想去理解和创新。

3.视觉型与言语型

视觉型学习者很擅长记住他们所看到的东西,如图片、图表、流程图、图像、影片和演示中的内容,言语型学习者更擅长从文字的和口头的解释中获取信息。当通过视觉和听觉同时呈现信息时,每个人都能获得更多的信息。在大学里很少呈现视觉信息,学生都是通过听讲和阅读写在黑板上及课本里的材料来学习。不幸的是,大部分学生都是视觉型学习者,也就是说学生通过这种方式获得的信息量不如通过呈现可视材料的方法获得的信息量大。

4.序列型与综合型

序列型学习者习惯按线性步骤理解问题,每一步都合乎逻辑地紧跟前一步。综合型学习者习惯大步学习,吸收没有任何联系的随意的材料,然后突然获得它。序列型学习者倾向于按部就班地寻找答案;综合型学习者或许能更快地解决复杂问题或者一旦他们抓住了主要部分就用新奇的方式将它们组合起来,但他们却很难解释清楚他们是如何工作的。

许多人读到这段描述会错误地认为他们是综合型的,以为每一个人都有恍然大悟的经历。序列型学习者可能没有完全了解材料,但他们能以此做些事情(如:做家庭作业或参加考试),因为他们掌握的是有逻辑相连的。另一方面,那些缺乏顺序思考能力的极端综合型学习者即使对材料有了大概的了解,他们可能对一些细节还是很模糊,而序列型学习者能对主题的特殊方面知道得更多,但联系到同一主题的其他方面或不同的主题时,他们就表现得更困难。

儿童品行及其心理保健

ERTONG PINXING JIQI XINLI BAOJIAN

11

　　孟子小的时候，父亲早早地死去了，母亲守节没有改嫁。有一次，他们住在墓地旁边。孟子就和邻居的小孩一起学着大人跪拜、哭嚎的样子，玩起办理丧事的游戏。孟子的妈妈看到了，就皱起眉头："不行！我不能让我的孩子住在这里了！"孟子的妈妈就带着孟子搬到市集，靠近杀猪宰羊的地方去住。到了市集，孟子又和邻居的小孩，学起商人做生意和屠宰猪羊的事。孟子的妈妈知道了，又皱皱眉头："这个地方也不适合我的孩子居住！"于是，他们又搬家了。这一次，他们搬到了学校附近。每月夏历初一这个时候，官员到文庙，行礼跪拜，互相礼貌相待，孟子见了一一都学习记住了。孟子的妈妈很满意地点着头说："这才是我儿子应该住的地方呀！"

　　成吉思汗是古代蒙古首领、军事家和政治家。他父亲也是一个部落的首领，在一次部落纷争中被人杀害了。成吉思汗的母亲只好带着几个年幼的孩子，流浪在茫茫草原上，忍饥挨饿，备受煎熬。她把美好的希望寄托在儿子成吉思汗身上。成吉思汗的母亲诃额仑夫人为了教育年幼的几个孩子，经常讲自己母亲教育孩子们要团结的故事。她说："记得有一天，你们的外婆阿兰阿豁看到五个儿子不团结，便拿出五支箭，让五个儿子分别去折，他们很容易就折断了。后来，她又拿了五支箭，捆成一束，让他们折，结果谁也折不断。这时，外婆就对她五个儿子说：'要知道最好的摔跤手，敌不过人多；最好的马，也经不起百条鞭子抽打。只有团结起来，握成一个拳头，才有力量，才能战胜敌人！'"在母亲的教育下，成吉思汗茁壮成长，后来成了"一代天骄"。

　　2011年，我国儿童中心发布的《中国儿童的生存与发展：数据与分析》报告显示，我国17岁以下的少年儿童中，至少有3000万人受到各种情绪障碍和行为问题的困扰。我国中小学生5.2％的儿童存在明显的躯体化、强迫症状、人际关系敏感、抑郁等心理健康问题。儿童良好的道德品质不是自发形成的，它的形成有其自身发展的特点和规律。研究和掌握儿童品德发展的规律，将有利于我们在品德教育中提出恰当的教育措施和方法以提高儿童的道德品质。

第一节　认识自己

一、我是谁

斯芬克斯之谜

在传说中,古希腊的奥林匹斯山是西方诸神所居住的地方,那里有西方的主神宙斯,以及由他所统率的众神。凡人是难以涉足于神的地界的,而神的箴言——"人,认识你自己",又应该让人来知晓。于是,就有了斯芬克斯的故事。"斯芬克斯"是传说中的一个奇特的生物——"狮身人面",她长着美女的头、狮子的身体,背上有着鸟的翅膀。现在的埃及还有她的一座雕像,与那雄伟的"金字塔"一样著名。在古希腊的神话传说中,她作为神的使者,带着神对人类的忠告——"人,认识你自己",从奥林匹斯山来到了人间,来到古希腊的忒拜城堡。经过细心的筹划,她把那句神的箴言化作了一段"谜语",来盘问她所遇到的所有的人。"什么东西早晨用四条腿走路,中午用两条腿走路,晚上用三条腿走路?"这就是斯芬克斯的谜语。每个路过的人都必须面对她来猜一猜她的谜语,而且,富有挑战和特殊意义的是,凡是猜不中的,都会为此丧生,被斯芬克斯毫不留情地吃掉。最后一个名叫俄

狄浦斯的人猜中了答案,谜底是:人。因为人在幼儿时用两手两腿爬行,青壮年时用两条腿走路,到了老年,临到生命的迟暮,他需要扶持,因此借助拐杖,作为第三条腿。斯芬克斯之谜的真正含义,实际上是促使我们人类进行对自身或自我的认识。

斯芬克斯用她的谜语让我们思考一个问题:"我是谁?"我们还经常会思考这样的一些问题,如"我是一个怎样的人?我是否有价值?我为什么要活着?我努力奋斗为的是什么?生命的意义是什么?人生的目的是什么?"再有,当你向别人描述你自己时,你首先想到的特征是什么?是你的性格特征如外向、内向?还是外表特征如高、矮、胖、瘦?还是你的人际交往状况?事实上这都是自我意识的真实体现。千百年来,人类就对自我表现出浓厚的兴趣,老子说"知人者胜,自知者明,胜人者有力,自胜者强";现代人不断发出这样的感慨:人贵有自知之明。对于每个人来说,只有充分认识自我、了解自我,才能悦纳自我,适当地调节和控制自我,促进自己不断成长、进步。

自我意识就是一个人对自己的意识,例如,一个人对自己身高、体重的了解,对自己正在进行的思维活动的觉察,对自己个性特点的认识,对自己人际关系状态的理解,对自己感到满意或不满,对自己行为的反思和自知等,都是自我意识的具体表现。概括地说,自我意识包括个体对自身的意识和对自身与周围世界关系的意识两个方面。

二、儿童自我意识的结构

自我意识是一个具有多维度、多层次的复杂心理系统,可以从内容和形式上对它进行分析。从形式上看,自我意识表现为认知的、情感的和意志的三种形式,分别称为自我认识、自我体验和自我调控。自我认识是自我意识的认知成分,指个体对生理自我(如身高、体重)、心理自我(如思维活动、个性特征)和社会自我(如人际关系)的认识。它包括自我感觉、自我观察、自我观念、自我分析和自我评价等层次。其中,自我概念和自我评价是自我认识最主要的方面,集中反映了个体自我认识至自我意识的发展水平,也是自我体验和自我调控的前提。自我体验是自我意识的情感成分,在自我认识的基础上产生,反映个体对自己所持的态度。它包括自我感受、自爱、自尊、自信、自卑、内疚、自豪感、成就感、自我效能感等层次。其中,自尊是自我体验最主要的方面。自我调控是自我意识的意志成分,指个体对自己行为与心理活动的自我作用过程。它包括自立、自主、自律、自我监督、自我控制和自我教育等层次。其中,自我控制和自我教育是自我调控中最主要的方面。

从内容上看,自我意识可分为生理自我、社会自我和心理自我。所谓生理自我,是指个人对自己的生理属性的意识,包括个体对自己的身体、外貌、体能等方面的意识。所谓社会自我是指个人对自己的社会属性的意识,包括对自己在各种社会关系中角色、地位、权利、人际距离等方面的意识。所谓心理自我,就是个人对自己心理属性的意识,包括个人对自己的人格特征、心理状态、心理过程及行为表现等方面的意识。

从自我观念来看,又可分为现实自我、投射自我和理想自我三个维度。现实自我是个体从自己的立场出发对现实的我的看法,也即对实在的我的认识。它是个体对自己现实的观感。投射自我是个体想象中他人对自己的看法,如想象自己在他人心目中的形象,想象他人对自己的评价,以及由此而产生的自我感。但投射自我和现实自我之间往往有距离。当距离加大时,个体便会感到自己不为别人所了解。理想自我是个体从自己的立场出发对将来的我的希望,也即对想象中的我的认识。理想自我是个体想要达到的完善的形象,是个人追求的目标。理想自我与现实自我也不一定是一致的。理想自我虽非现实自我,但它对个人的认识、情绪和行为的影响很大,是个人行为的动力和参考系。

三、儿童自我意识的发展

心理学研究表明,个体自我意识从发生、发展到相对稳定和成熟,大约需要20多年的时间。通过向不同年龄的人们提出同一个简单的问题"我是谁",心理学家研究了人类的自我概念从孩童到成年是如何演变的。通常儿童的自我概念是一些

具体的、具有清楚界限的以及易于观察的特征,如年龄、性别、居住环境及嗜好等。当我们成熟起来,我们便不那么强调生理特征,而是更强调心理状态(我们的想法与感受)及关系其他人如何评价自己。一般来说,自我意识的发生发展大致经过了自我中心、客观化和主观化三个时期。

自我中心期。从出生8个月到3岁。在生命降生之初,婴儿是没有自我意识的,他们甚至不能意识到自己和外界事物的区别。他经常吸吮自己的手指头,就像吸吮母亲的乳头一样津津有味,因为他把母亲当作了他自己的一部分。可见,他还生活在主体与客体尚未分化的状态之中。大约8个月,生理自我开始萌生,这就是自我意识的最初形态。到1岁左右,儿童开始能把自己的动作和动作对象区别开来,初步意识到自己是动作的主体。例如,当他手里抓着玩具的时候,他不再把玩具当作是自己身体的一部分了。1周岁以后,儿童逐步认识到自己的身体,也开始能意识到自己身体的感觉。不过,他只是把自己作为客体来认识。他从成人那里学会使用自己的名字,并且像称呼其他东西一样地称呼自己。大约到2岁左右,儿童逐渐学会用代词"我"来代表自己。大约在2岁时,有了自我认定。能从镜子和照片上认出自己的容貌,从语言的发展中及别人叫他的名字时,逐渐觉察此名与自己有联系。

3岁左右的儿童,自我意识有了新的发展。主要表现在:①出现了羞愧感与疑虑感。当做错事时,儿童会感到羞愧;当碰到矛盾时,儿童会感到疑虑。②出现了占有欲和嫉妒感。儿童看到自己喜欢的东西,就想独自占有,不愿与人共享;如果母亲对其他儿童表现出关心和喜爱,儿童会产生强烈的嫉妒感。③第一人称"我"的使用频率提高,许多事情都要求"我自己来",开始有了自立的要求。应该说,3岁儿童的自我意识已经有了一定发展,但其行为仍然是以自我为中心的,即以自己的想法解释外部世界,并把自己的想法的情感投射到外界事物上去。

客观化时期。从3岁到青春期,是个体接受社会文化影响最深的时期,也是学习角色的时期。个体在家庭、幼儿园、学校中游戏、学习、劳动,通过模仿、认同、练

208

习等方式,逐渐形成各种角色观念,如性别角色、家庭角色、伙伴角色、学生角色等。这一时期,也是获得社会自我的时期,他们开始能意识到自己在人际关系、社会关系中的作用和地位,能意识到自己所承担的社会义务和享有的社会权利等。

青春期以前,个体的眼光是向外的,引起他们兴趣和注意的是客观外部世界,他们对自己的内心世界视而不见。他们虽然已经意识到自己是一个主体,可以充分认识到自己的行为,但却不了解自己的心理状态,他们常常把自己的情绪视为某种客观上伴随行动而产生的东西,而不懂得情绪是自己的主观感受;他们还不善于运用自己的眼光去认识世界,而只是照搬成人的观点作为自己对外部世界的认识。

主观化时期。从青春期到成年的大约 10 年时间里,个体的自我意识趋于成熟,并逐步获得了心理自我。此时,个体的自我意识表现出 4 个方面的特点:①用自己的观点来认识与评价事物,使自我意识成为个体认识外部世界的中介因素,从而使个体的思想和行为带有浓厚的个人色彩;②个体会从自己所见到的人格和身体特征出发,强调相应事物的重要性,形成特有的价值体系,以指导自己的言行,提高自己的社会地位;③追求生活目标,出现与价值观相一致的理想自我;④抽象思维能力大大提高,使自我意识能超越具体的情境,进入精神领域。总之,由于在这一阶段身心的急剧变化,各种能力(尤其是想象力、逻辑思维能力)的加速发展,使自己在客观化时期从社会上所吸取来的东西得到独立的综合加工,他们开始关心自己形象、开始关心自己的心理活动,不再简单地认同别人的观点,而是有自己独特的见解,具有个人浓厚的主观性。

四、认识自己小游戏

有一只小狗总觉得自己的家不好,于是他就背上行囊出发了,他准备找一个地方建一个新家。路上,他看到一只小鸟,就问:"小鸟,你家在哪里?"小鸟说:"我家在树上。"小狗想,要是我家也在树上就好了。说干就干,小狗搬来了一些木板,在树上建了一个新家。一天,忽然下起了大雨,小狗一不小心从树上栽了下来,头上起了一个大包,他再也不敢在树上住了。后来,小狗又看到一只田鼠,他又问:"田

鼠,你家在哪里?"田鼠说:"我家在地下。"小狗想,要是我家也在地下,那该多好啊!于是,小狗又把家建在了地下。可是,晚上虫子爬进了小狗的窝,咬得小狗"汪汪汪"直叫,他这才感到地下的家也不好。最后,小狗回到了自己的家。他再也不嫌弃它了。睡在软绵绵的稻草上,小狗这才感到有一种幸福的感觉,他不由得感叹道:"只有适合自己的,才是最好的。"那么,什么才是适合自己的呢? 我们不妨和孩子一起做一个认识自己的小游戏。

准备 1 张白纸,1 支笔,用约 20 分钟时间,连续问你自己 20 次"我是谁?"或"我怎么样?",边思考边回答,把头脑里浮现出来的答案一一写出来,尽量选择一些能反映个人风格的语句,至少写出 20 个。写完后在小组(5~6 人)内交流。任何人都抱着理解他人的心情,去认识团体内一个个独特的人。最后交流活动的感受。

如果能写出 17~18 个以上的答案,一般可以认为没有特别的问题;如果答案在 13~14 个以下,表明你可能有些压抑,即刚要写答案,又产生许多其他联想,提出种种借口来推托,以致不能回答更多的问题。想一想,在日常生活中是不是在说话之前总考虑别人的反应。

分析一下自己回答的内容,可以按照三个方面进行分类。一是对自我的主观评价和描述,如我是老实人,我胆小,我聪明等;二是对自己实际情况的客观回答,如"我身高是××厘米""我今年 18 岁了";三是中性回答。如果主观和客观的回答都有,可以认为自我观念是平衡的,如果倾向于其中一个方面,就不平衡了。在对自己的主观评价中,既说到自己好的方面,也说到自己不好的特征,说明对自我的评价较全面。只侧重某一个方面,可以认为是自视甚高,或较为自卑。另外,内容中有无涉及自己的未来很重要,至少有一条说明对未来充满希望和信心。

第二节　不良品行的防治

一、攻击行为

2013 年 6 月 14 日《大河报》报道:周口商水县外国语学校三年级学生 9 岁的小雅和 10 岁的小燕等同学遭受了粗暴虐待,而实施这一行为的竟是她们的同学、同为 10 岁的女生小可和小琼。

5 月 22 日晚 9 时许,商水县外国语学校三(3)班学生小雅正在宿舍熟睡。迷迷糊糊中,她翻了个身,床板咯吱响了一声。

"谁让你翻身的?"小雅耳边传来一声呵斥,她刚一扭头,一记响亮的耳光已经打在脸上,打她的是同班学生兼她们的寝室长小可,在旁边助威的,还有同学小琼。未及理论,又被小可接连打了十几个耳光,小雅捂着脸,一阵生疼,想哭,又被对方勒令停止,否则会继续挨打。

睡在小雅下铺的小燕听到了动静,但不敢看,只是调整一下姿势蜷缩着身子。可是,这个细微的动作还是引起了小可的注意,随即,她也被对方扇了几记耳光。

被打后的小雅和小燕很委屈,本想第二天告诉老师,但被小可的一句话吓得"魂儿都飞了":胆敢告状,将被 10 个耳光扇死!

两人忍气吞声,但噩梦并未就此搁浅。

小雅住的寝室共有 5 张上下铺床,住了 10 名同学。从她和小燕被打没有声张后,小可和小琼的胆子越来越大,把寝室其他同学的脸挨个扇了一遍。被打原因则都是"不按规定睡觉"。

被打后,小雅和同学们选择了集体沉默,但她们的这种处世方式和态度让小可几近疯狂。

"把嘴张开!"上周的一个中午午休期间,小雅还未睡下,小可已经一脸严肃地站在她跟前。小雅闭嘴抵抗,被对方拧着腮帮撕开,然后,一口痰吐进了她的嘴里。同样被当痰盂的,还有同学小鹤。事后,两人还被迫舔了小可的脚趾。"如果闭着嘴,她就硬塞进去。"

之后,小可的淫威就像家常便饭。午休和晚上休息时间,总有同学被虐待。而虐待的方式也增加了很多种,比如小琼摁着腿,小可下手挤压同学的肚子,或者强迫同学做俯卧撑。

而就在几天前的6月9日,小雅宿舍的8个人再次遭到了小可和小琼的虐待,挨个被扇了耳光。至今,小雅和小燕脸上的淤青还没有完全褪去。

小可与小琼长期与父母分离,监护人年龄又大、文化素质低,不能有效地指导。在这种情感缺失和心理失衡又得不到正常疏导的情况下,孩子就会因感情饥渴而产生畸形心态,在学校与同学相处时就更容易引起摩擦,发生吵架、打架等暴力事件。同时,一些不良的教养方式也会导致孩子出现攻击性行为,比如,有的父母举止不文明,爱吵架,甚至打架,久而久之孩子就模仿父母。此外,如果家庭缺少温暖,或者父母太忙而忽略孩子、很少与孩子交流,缺少爱的孩子,往往会发展为两种倾向,一种是封闭自己内在的需要,表面上乖巧听话,还有一种就是富于攻击性,用暴力去解决问题。

(一)孩子攻击行为产生的原因

第一,缺少父母的直接抚养对孩子心理发展有消极影响。孩子由于种种原因不能与父母生活在一起,虽然孩子的抚养者都非常爱孩子,但这种爱毕竟代替不了父母的爱。研究表明,父母在家庭中本身性别角色的扮演,对孩子性别角色的形成有密切的关系。孩子可从父母之间的互动方式中,了解两性的互动方式,并认同模仿同性父母的行为。如果孩子处于不理想的环境中,孩子可能会产生拒绝认同或认同错误的角色等现象,如此往往造成行为上的不协调或是心理方面的不平衡。

第二,家庭教育方式的偏差是幼儿行为问题产生的重要因素。家庭教育方式

直接影响孩子的行为。从亲子关系的角度分析父母家庭教育方式主要分为专制型、宽容型、民主型三类。专制型的教育方式是把孩子作为附庸,压制其独立性、创造性,对孩子的行为过多地干预,经常采取强制手段让孩子听命于父母,漠视孩子的兴趣和意见,不允许孩子对自己的事情有发言权,要求子女随时都要遵守父母的规定,稍有违背就会遭到训斥或惩罚,有时甚至是过于粗暴的惩罚。与之相反的宽容型的教育方式主要表现为亲子关系的淡漠。父母与孩子各有自己的活动范围及方向,父母任孩子自由地、不受约束地发展,他们虽然也与孩子进行交流和沟通,但对孩子的行为没有具体的规定和要求,很少奖励或惩罚。民主的教育方式是建立在亲子关系平等基础上的。其主要表现是父母把孩子作为独立的个体,注意培养孩子的主动精神,培养他们的自理、自制能力,对孩子的期望、要求及奖励、惩罚等比较恰当,经常与孩子进行思想与价值观的交流与沟通,尊重、听取孩子的意见,及时纠正自己在教育孩子中的失误。

第三,家长的个性对孩子的行为有重大影响。家长的个性、心理健康状况等通过遗传、言行和所营造的家庭环境等多种途径作用于孩子。在养育子女的过程中,谁与子女的接触较多,关系比较密切,对子女的影响也较大。

(二)孩子攻击行为的教育对策

1.创造不利于攻击行为的环境。与成人相比,孩子的行为更易受环境的影响。实践证明,生活在一个有良好家庭气氛、有充裕玩耍时间以及有多种多样玩具环境中的孩子,攻击行为会明显减少。因此,家长应为孩子提供足够玩的时间和足够多的玩具。不让孩子看有暴力镜头的电影、电视,不让孩子玩有攻击性倾向的玩具,不在孩子面前讲有攻击色彩的语言。

2.去除攻击行为的奖励物。识别并去除攻击行为的奖励物,可减少儿童攻击行为的发生。如佳佳和莎莎在一起画画,佳佳抢走了莎莎的蜡笔。对佳佳来说,蜡笔就是攻击行为的奖励物。这时,要让佳佳把蜡笔还给莎莎,这就消除了佳佳攻击行为的奖励。如果不把佳佳手里的蜡笔还给莎莎,就等于鼓励了他,以后他还会去抢别人的东西。同样,如果孩子打了人,家长不制止,打人就成为攻击行为的"奖励物",使孩子觉得打人并没有什么不对,以后还可以去打别人。所以,当孩子出现攻击行为时,家长要查明原因,及时处理,而且要态度明确,从而使孩子认识到,什么行为是错的,应该怎样做才对。

3.教育孩子懂得宣泄自己的感情。烦恼、挫折、愤怒是容易引起攻击行为的情感,对于自控力弱的孩子来说,它也是点燃攻击行为的导火线。因此要教会孩子懂得宣泄自己的感情,把自己的烦恼、愤怒通过适当的途径宣泄出来,尽可能使孩子的攻击行为减少到最低的限度。

4.培养孩子丰富深厚的思想情感。有些孩子见到小动物,会去虐待它,以发泄内心的痛苦和愤恨。有这种行为的儿童可能对自我不满,或者在爱的关系上受到挫折。家长要从各方面关心他、爱护他,可以让孩子通过饲养小动物来养成孩子的仁爱之心和爱怜之情。这种鼓励亲善行为的方法,可培养孩子丰富、深厚的思想情感,是纠正孩子攻击行为的一条行之有效的途径。

5.对孩子的攻击行为进行冷处理。所谓"冷处理",就是暂时不予理睬,对孩子表示冷漠,在一段时间里不理他,用这种方法来"惩罚"他的攻击行为。如把孩子一个人关在房间里,让他思过、反省,直到他自己平静下来为止。这种方法的好处在于不会向孩子提供倾诉、打骂的攻击原型。如果把这种方法与鼓励亲善行为的方法配合使用,效果会更好。

6.引导有攻击行为的孩子进行移情换位。心理学的研究表明,攻击者在看到受害者明显痛苦时,往往会停止攻击。然而,攻击性很强的人则不然,他们会继续攻击受害者。这是因为他们缺乏移情技能,不会同情受害者。在别人受到伤害时,他们没有感到羞愧和不安。如果家长能够注意从小培养儿童的移情能力,能有效地减少儿童的攻击行为。对于有攻击行为的孩子,家长首先要给孩子指出,攻击行为会给别人带来痛苦,导致严重后果。引导孩子想象受害者在受到攻击后的感觉和心情,然后,再让孩子换个位置想象,如果你是受害者,那么,你将会有怎样的感

觉和心情呢？让孩子从本质上消除攻击行为,这是一种很好的方法。

7.家长以身作则做孩子的表率。家长必须注意自身修养,不要因自己对某些事情不顺心而在孩子面前毫无顾忌地攻击别人。夫妻之间要避免争吵打骂,为孩子树立良好的榜样。对孩子教育要求要一致,既不可打骂也不可溺爱。

二、逃学行为

2013 年童年网调查显示:近八成学生承认自己有厌学情绪。"我不想上学了"这句话几乎已经成了绝大多数中小学生的口头禅。厌学,已经成为令众多家长手足无措的"眼中钉",对此,专家指出,既然厌学情绪几乎人人有之,作为家长,需要认识它、了解它,甚至理解它接纳它,轻微厌学的孩子可在家长的引导下改善自愈,而"问题严重"的学生则需要接受专业的心理辅导,以免越陷越深,不能自拔。

所谓厌学,指的是学生对学习的负面情绪表现,从心理学角度讲,厌学症是指学生消极对待学习活动的行为反应模式。主要表现为学生情感上消极地对待学习,行为上主动远离学习。当然,"厌学"有时也仅是某些学生自我减压的一种手段:他们时常标榜自己有厌学情绪,讨厌学习,但嚷嚷之后,依旧背起书包、拿起课本,天天向上。对于老师和家长而言,这样的学生有良好的情绪调整能力,可是,与之相对,有不少学生是彻彻底底地厌学,轻则听课时走神儿开小差儿、写作业时胡乱对付,重则发展成装病逃课,甚至不去上学,逃学旷课。

逃学旷课是学校教育中的一种"病理现象",其结果往往导致辍学,并常常同违法犯罪行为紧密相连。多次逃学的学生可能会养成习惯性逃学,与集体相隔疏远,与老师和同学相抵触。逃学也为学生产生不良行为提供了机会,因为这种学生多为坏人教唆犯罪的对象。

(一)孩子厌学、逃学的原因

1.因贪玩而旷课、逃学。贪玩是孩子的天性。学习和贪玩就其活动性质而言是有区别的,甚至是有冲突的。学习是有纪律约束的、需要付出意志努力的一种艰苦的脑力劳动,玩耍是身心放松、心情愉悦的游乐活动。迷恋任何一种游戏或活动,达到一定程度后,都会影响学习生活,干扰学习活动。迷恋电子游戏场所、迷恋于外出玩耍、迷恋和校外同伴的交往活动等,都可能导致旷课逃学、中止学业行为的出现。

2.因学习困难而旷课逃学。孩子学习遇到困难是极为平常的事情。学习有困难的学生可以说是遇到了挫折,畏惧学习而旷课、逃学均是面对挫折的消极态度与行为。在班级管理松懈、学习风气淡薄的情况下,因学习问题而旷课、逃学的学生比较常见。

3.师源性伤害引起的旷课、逃学。师源性伤害是指因教师管教学生方式不当对学生造成的心理上的、情感上的伤害。教师对学生的体罚、羞辱、歧视、冷漠、偏见等可能给学生造成不良影响。孩子年龄还偏小,和教师关系处理缺乏经验,对自己在学校遇到的师生关系紧张状态不敢告知家人,他们采取旷课、逃学方式回避师生矛盾,求得心理解脱。

4.同学关系紧张或对抗引起的旷课、逃学。亲子关系、师生关系、同学关系是孩子面临的三大人际关系。同学关系是孩子最常见的人际关系。小学生和中学生同学关系的内容和形式有明显的不同。共同活动和时空上接近是小学生建立同学关系的基本条件,兴趣爱好和人格因素是制约中学生建立同学关系的基本条件。对孩子来讲,良好的同学关系可以增加他们的亲和力和凝聚力,不良的同学关系可以破坏他们的亲和力与凝聚力,特别是人缘不好的学生在班级易受到冷落,人缘紧张的学生感觉不到班级的温暖,缺乏归属感,有些学生为了缓解人际关系的压力就会采取旷课、逃学行为。

5.受他人的挑唆旷课、逃学。在旷课、逃学的孩子中,有相当一部分是受到了他人的挑唆、引诱。这里所说的"他人",既包括校内有旷课、逃学行为的人,也包括社会上的闲散人员,他们的"榜样"示范、言行教唆、物质引诱甚至威胁恐吓都会对孩子产生不良影响,使他们也走上旷课、逃学的道路。

(二)孩子逃学行为的教育对策

要想对学生逃学行为进行较好的矫正,家长与老师必须要改进教育方法,了解

孩子的心理,与孩子保持良好关系,关心和爱护他们,才能及时矫正逃学行为,让他们适应学习生活。同时要强调早期预防。因为孩子逃学是有预兆行为的,如给父母和老师编的借口是不真实的,学习成绩明显下降,举止异常等。

因此,父母和老师要重视有关逃学的迹象,查清学生是否有逃学行为。偶尔逃学的孩子在被及时发觉后,容易在父母和老师的教育和帮助下改正,不太可能发展成反复长期的逃学行为。对于多次逃学的学生,不能简单地给予严厉的责备和处罚,而必须先弄清逃学的原因,在明白症结的基础上,制订教育和帮助的方案、措施,深入细致地耐心地对逃学少年进行启发诱导,使他们提高对逃学危害的认识,增强自尊心,明确学生的责任感,用行动来克服学习障碍。

有专家认为,要解决孩子逃学问题,家长和教师必须想办法让孩子能与更多心理健康的儿童交上朋友,多参与一些有益的集体活动,这样他们就会经常感到新鲜和快乐,真正感受到童年生活的无穷乐趣。与此同时,教师和家长应经常保持联系,随时留意孩子的心理动态,加强风险防范意识的教育,杜绝外部世界的引诱,教育他们安心学习,积极投入丰富多彩的学校生活。

第一,改变环境。对学校环境和家庭环境进行改善,尽可能满足孩子的合理要求。学校要改进教学方法和评估制度,激发孩子的学习兴趣;父母也要为孩子创造民主的家庭氛围,多与孩子沟通,在管束孩子的同时,给予他们一定的自由度。逃学或离家出走的行为最可能发生在处于"叛逆期"的孩子身上,这时他们的自我意识膨胀,急切地想自主自己的生活。教师和家长要给予他们一定的自主权。

第二,思想教育。有的家长在发现孩子有逃学问题后,往往先是气愤地训斥一顿,如果仍解决不了问题,就会"动用武力"来教育孩子。这样的做法,非但不能解决孩子的逃学问题,反而容易把孩子推向堕落的深渊。首先,增强儿童的责任感,教师和家长要强调孩子对于班级和家庭的作用,使孩子认识到自身的价值与责任。其次,加强孩子对规范的认识。随着孩子受教育时间的加长、认识水平的加深,孩子会逐渐理解规范对个体的约束。

在矫正逃学行为时,还要注意下列事项:其一,不能歧视逃学少年为特殊学生,把他们孤立起来,否则容易疏远与学生的距离,更加增加教育的难度。其二,对逃学在外有其他不良行为的(如吸烟、偷窃、赌博等)学生,应该教育他们主动向有关部门和有关人员去认错并作检讨,父母绝对不能护短。其三,对变态心理型逃学的,应和一般逃学行为区别开来。这些逃学学生时有幻觉、妄想出现,还表现为自言自语、嬉笑无常、到处乱走、任意离校等。对此,学校和家长应及时送他们去精神医生处,进行专门的心理治疗和药物治疗,一旦精神障碍治愈了,逃学也可避免了。

三、网络沉迷

(一)网络沉迷的危害

2013 年 6 月 7 日中国新闻网报道:今年 4 岁的超超正在上幼儿园大班,聪明伶俐的他特别爱玩妈妈手机里的游戏。在别的小朋友都到处串门的时候,超超却一本正经地拿着手机埋头玩游戏。"开始觉得儿子很乖,在家里玩游戏很安静。"最近超超妈发现孩子晚上看电视时已不愿坐在沙发上看了,而是越走越近,最后就只距离电视不到一米的距离,而且还眯着眼睛。"去医院一检查,近视 350 度了!"记者调查发现过度使用电子产品成儿童近视元凶。很多孩子迷恋电子产品,长时间待在家里,沉迷于网络,很少运动,拒绝或者害怕与他人交流,成了一名"宅童"。"这样的孩子上了学之后都会稍微好一些,要是上了小学还很孤僻,不愿意跟人交流的话,性格就大有问题了。"一位幼儿园老师对记者说道。

2013 年 6 月 18 日,武汉一位 15 岁的少年突发脑梗,成为武汉医院收治的最年轻脑梗病人。而突发脑梗原因竟是常年沉迷网络。陈健(化名)今年 15 岁,家住孝昌,是家里独子。因父母有残疾,这个健康的孩子备受宠爱。去年,刚上初中的陈健就迷上了网络游戏,常常泡在网吧,连续几夜不睡觉。为了提神抽烟,他的烟瘾越来越大,一天至少要抽掉一包。因为无心向学,今年初他随朋友到广州打工。"逃离"家长管束,陈健上网更厉害了。五一小长假,陈健在网吧度过,几乎没睡,和同学连玩了 3 天游戏。5 月 3 日一早,陈健觉得头痛难忍,就请假在宿舍休息。第二天,同学发现陈健连话都说不出来,右边手脚也不能动,把他送到医院,被诊断为脑梗死。闻讯赶来的父母将他接回武汉治疗。如今,陈健仍在长江航运总医院做康复训练,只能说简单词语。医生推断,他至少还要做康复训练3个月,才能生活自理。

网络沉迷对孩子的身心都会造成极大的消极影响。"沉迷网络"造成的躯体障碍有:由于长时间上网,睡眠节律紊乱,导致大脑神经中枢持续处于高度兴奋状态,引起体内一系列复杂的生物化学变化,发生自主神经功能紊乱,内分泌失调,免疫功能降低,诱发种种疾患,如胃肠神经症、紧张性头疼。此外长时间敲击键盘可引起腕关节综合征;长时间注视电脑屏幕可导致视力下降、怕光、暗适应能力降低,长时间僵坐在电脑前可出现腰背肌肉劳损、脊椎疼痛变形等。

"沉迷网络"造成的心理障碍:对网络依赖性表现在对网络操作出现时间失控,陷于其中不能自拔,一但停止上网便会产生强烈的渴望与冲动。注意力不能集中和维持,感知觉能力降低,记忆力减退,逻辑思维活动迟钝;情绪低落消极悲观,缺乏对生活的兴趣和动机,自尊和自信丧失。回到现实生活中的痛苦情绪和自我否定的消极体验,促使其再次回到网络中,以逃避现实不愿负担其应有的社会责任与义务。更有甚者为达到上网的目的,骗取钱财违法乱纪造成个人品行方面的问题,乃至人格的丧失。

(二)孩子沉迷网络的原因

(1)孩子求知欲强,极容易接受网络这一新生事物。但因年龄限制,上网的目的不明确。对网络缺乏足够的认识,不甚了解网络涵盖范围及其用途。缺乏面对偌大的网络空间的心理准备以及对不良信息的辨别和抵制能力。而大多数孩子上网,都是单纯为了新奇、好玩、刺激。

(2)孩子由于身心的发育特点,一旦进入青春期,就产生一种闭锁的心理,不愿与父母、老师交流,但又渴望与人交往、沟通。因此,他们就在网上找一个虚拟的人进行交流、沟通。

(3)孩子有赶时髦、追潮流的从众心理,不甘落后。所以,就盲目攀比,也学着

别人上网聊天,认为这是一种时尚。

(4)由于课业负担越来越重,而家长又给孩子施加了越来越大的压力,使孩子感到不堪重负。因此,就转移情绪,上网聊天,忙里偷闲,以此来放松自己。

(5)孩子的业余生活单调,精神空虚,缺少个人爱好。或者是家庭环境不好,如家长经常在家打麻将,吵吵闹闹,使孩子不能安心学习。因此,孩子只能上网解闷。

(三)孩子沉迷网络的教育对策

对孩子迷恋网络游戏的行为可以从以下几个方面入手进行矫正:第一,加强管理。取缔网络游戏娱乐的非法经营,对于利用网络游戏进行赌博或传播淫秽物品来毒害孩子的,应依法予以制裁。对于合法的网络游戏娱乐场所,相关部门应从保护未成年人健康成长出发,规定除节假日外,不得让中小学生入内,即使在节假日,也要劝阻教育并建议中小学生不要长时间地连续玩网络游戏。

第二,教育引导孩子。有识之士提出,不能简单地禁止孩子玩网络游戏,因为这样做既不明智,也不一定有效。关键是对孩子玩网络游戏,要善于引导,家长和老师要经常提醒孩子不要过度玩网络游戏,强调玩网络游戏的保护性措施。当发现有学生已经有沉迷倾向时,必须及时对其进行严肃批评,告知他迷恋网络游戏的各种危害,既可以作知识性的讲解,也可以用生活经验来做警戒,使这种少年学生摆脱迷恋状态,能逐步走向正常。

第三,合理安排时间。孩子必须在家长的监督下,严格节制玩网络游戏的时间。对于不善于控制自己行为的孩子来说,要具体地安排好他的作息时间,不准他外出玩网络游戏,只准在自己家中有控制地玩,明确规定玩多少时间,什么时候可以玩,什么时候不可以玩等。

第四,培养对其他良好活动的兴趣。孩子精力充沛,为了摆脱对网络游戏的迷恋,应培养他们其他的兴趣爱好,如游泳、打球、集邮、唱歌、绘画等,用新的良好的活动来吸引他们,使少年学生自然而然地分散对网络游戏的过分注意,不再迷恋。

第五,认真治疗。对已经陷入迷恋游戏状态而且较难矫正的孩子,家长可以请心理医师专门诊断,分析有什么心理障碍,根据具体情况,认真进行心理治疗。在心理治疗的过程中,家庭和学校应进行良好的配合。

四、撒谎

孩子撒谎,家长应区别对待。国内一家心理研究所用了三年时间,在全国7省13个城市进行调查。发现50%的孩子从3岁开始撒谎,随着年龄的增加比例越来越高,到9岁,说过谎的孩子上升到70%。2—4岁的孩子有着丰富的想象力,生活在幻想的世界里,所以他们常常说一些不着边际的话。这么大的小孩子因为说谎就受到惩罚,不仅没有任何意义,也许还会有负面作用。

孩子撒谎未必都是消极的。幼儿教育专家认为,学会说谎是儿童智力成长的重要步骤,家长无须过分担心,但应抓住时机正确引导。2013年7月15日《新京报》报道:加拿大多伦多大学儿童研究所测试1200名2岁至16岁儿童。年龄偏小的受试儿童被带进装有隐蔽摄像头的房间坐下,他们身后放着一个毛绒玩具。随后研究人员找借口离开,孩子们被要求不允许在这期间转身偷看。结果,摄像头"抓到"90%的受试儿童犯规。不过,当被问起是否回头时,这些孩子几乎全部矢口否认。研究还显示,儿童说谎情况随年龄增长变化。两岁时,20%的儿童会说谎,3岁时这一数字达到50%,4岁时接近90%,12岁时,这一曲线达到顶峰,几乎每个孩子都说谎。16岁时,说谎人数回落到70%。

那么,家长如何辨别孩子是否撒谎?是否要纠正?教育专家、心理学博士唐洪表示,对于小年龄段孩子出现的无意识撒谎,家长没有必要刻意去纠正。随着他们对社会认知越来越多,知道如何区分想象和现实,这种情况会逐渐消失。而对于刻意撒谎,家长应弄清事实真相,视不同情况采取不同的处理方法。既不能无视孩子的说谎行为,也不要夸大其词,给孩子造成心理压力。快到上学年龄的孩子,会意识到说谎是解决问题或者逃避惩罚的一个好办法。这时,父母的"杀手锏"就是不能让孩子因为说了谎、解决了问题就任他洋洋得意地逃脱掉。而且,父母向孩子灌

输诚实美德的时候,最好要以身作则,尽可能地自己先做到不说谎。

第一步:重视孩子的第一次说谎。当孩子第一次说谎时,家长应将其当作一件大事来抓,决不能掉以轻心。一般孩子在第一次说谎时会感到不安,即使蒙混过关了也会十分担心,但是如果这第一次说谎没有得到及时的纠正,孩子便可以品味到说谎所带来的甜蜜,他也就会由此产生再次尝试说谎的欲望,孩子会觉得家长是"好骗的",他的胆子会越来越大,谎话会越说越多,越编越像,最终就撒谎成性了。

第二步:多聆听,并与孩子沟通。当孩子预期事情会有负面后果而说谎时,父母应了解孩子的需要,订立更实际的规则;假如是孩子可以做得到且愿意做的,他自然不用说谎了。还有些孩子会因为跟父母的接触机会少,所以用说谎的方法去争取父母的关注。换句话说,父母平日应多了解孩子的想法,让孩子感受到父母对他的关爱与注意。另外,家长不要盲目地把自己孩子与别人的孩子进行比较,对孩子提出过高要求。

第三步:不要随意给孩子"贴标签"。孩子的说谎往往并不是为了故意伤害他人,家长不要轻易将孩子的说谎行为与孩子品质画等号,不能因为孩子的某一次谎言就给孩子定性,给孩子贴上"小骗子""谎话专家"等标签。这样做不但对孩子改掉说谎的毛病没有任何帮助,反而对孩子的说谎行为起到了强化的坏作用。让孩子认识到"诚实是美德,是高尚的品质,同时诚实也会减轻对过失的惩罚程度",才是正确之举。

五、偷窃

2013 年 7 月 19 日《华商报》报道,11 岁男孩因偷拿家里 200 元被离异父亲打死。7 月 11 日早上 7 点上班时,父亲李某突然发现家里少了 200 元,就问儿子拿了没有,儿子说自己没拿,李某急着去上班,也没多问。当日下午 4 点多,李某看见正在家中上网的儿子,联想起丢钱之事愈发生气,随即拿了两根绳子,用一根绳子把儿子的胳膊绑在身后,用另一根绳子把儿子双脚绑在床头上,并把孩子的后背和屁股露出来,用笤帚在屁股上猛打。据李某交代,在打断了两根笤帚后,又改用钢管继续打。孩子耐不住拷打，承认和同学一起偷拿了家里的 200 元钱。李某更加生气，又用钢管一阵乱打。之后，他还打电话给儿子同学的家长，该同学的母亲觉得孩子可怜，就劝他别打了，但是李某根本听不进去。后来，儿子被打得呕吐、昏厥，李某见情况不妙，急忙将儿子送往医院救治，最后医治无效死亡。

遇到孩子"偷拿"的行为出现，这位父亲采取了非常极端的教育方式，但一般父母的第一反应一定是震惊，然后是愤怒。也许您会觉得自己是在愤怒孩子的"偷拿"行为，其实在您的心底，真正愤怒的对象是自己。"家里出了个'小偷'，脸面何在?!""小时偷针，长大岂不是要偷金!"接着您会感到失望，"我为什么会培养出这样一个孩子?""是不是我平时没有教育好?"一个又一个的疑问都会涌进您的大脑。其实孩子会"偷拿"，原因可能是多方面的，不妨来找找看，到底是哪里出了错。

孩子的成长过程中，多数会遇到这样的问题：发现孩子有偷拿的行为。如偷拿别的小朋友的玩具、偷拿同学的文具，甚至偷拿家里的钱等。我们可以采取哪些措施，来预防和制止孩子偷拿行为的发生呢？可以从以下三个步骤来进行。

第一步：问清楚原因。孩子发生偷拿行为之后，父母最先要做的是控制自己的情绪，先冷静两分钟。在自己情绪不再冲动的状态下，再与孩子正确地交流，了解孩子偷拿东西的原因。千万不可当着他人的面训斥孩子，以免使孩子产生羞辱感。孩子产生偷拿行为的原因各式各样，一定要准确了解孩子偷拿行为的背后因由，才有可能真正地引导和教育孩子。

除了与孩子谈话，听孩子说出理由以外，还要根据孩子的实际情况，判断孩子说出的理由是表面的还是深层的。因为孩子年龄小，往往说出的理由是表面的，甚至说不出来什么正当的理由，作为父母，这时候一定要自己去分析孩子偷拿的原因是什么。

第二步：解决当前的行为。体罚和忽视都是不正确的。在了解孩子为什么会偷拿之后，父母该想想采用什么方式来应对了。如果孩子偷拿是因为想要得到某种东西而去偷拿，可以告诉他们以后遇到想要的东西，可以直接跟爸爸妈妈商量，爸爸妈妈会对他的建议进行考虑来满足他的需要。如果孩子是因为跟人学或者想

表现自己的勇敢,而去偷拿东西,父母则需要向他们说明拿别人东西是一种不好的行为,别人会因为找不到东西而着急,就像你丢了自己的玩具一样焦急。

如果孩子的偷窃是因为长期被忽视而产生的,那么家长就应该反思一下自己,是不是平时对孩子的关爱太少。努力营造温馨、民主、和谐的家庭氛围,让孩子在家庭里得到温暖与情感关怀,关心孩子的心理需求,平时多与孩子进行沟通交流,了解他们的心理动态。

第三步:预防将来可能发生的行为。首先,帮助孩子建立规则和物权概念。可以从小在家里贯彻一种规则,比如这是爸爸的,这是妈妈的,未经允许不能随便动。当然,孩子的东西父母也不要随心所欲地处理,要听孩子的决定,或让孩子自己管理。当孩子喜欢别的小朋友的玩具等物品时,要明确告诉孩子,别人的东西不能随便动,更不能随便拿。必须征得小朋友的同意后才可以玩,而且玩完后要立即还给小朋友,并要谢谢小朋友。即使孩子哭闹不止,不同意还回去也不行!

其次,给孩子适度零花钱。对学龄儿童,父母可以给予适当的零花钱。同时也要教育并教会孩子怎样合理计划使用自己的零花钱。在家里专门准备一个抽屉或匣子,放上十几元或几十元钱,急需时取用。钱最好是一元一张的,还可有些零钱,里边放一个本做记录用。明确告诉孩子,这里的钱在急需时可以拿去花,不过拿多少,找回多少,买什么东西要记下来,还要写明时间。这样,把主动权交给孩子,孩子觉得家长信任自己,反而不会乱花钱。

最后,建立良好的亲子关系。及时满足孩子的情感需要,对3岁以内的孩子,父母尽量不要与其长时间分离,使孩子有被抛弃受冷落的感觉。长期分离,会使孩子因为情感上得不到满足,容易导致焦虑,孤僻。而孩子为了满足自己的情感需要,会在不知不觉中发生偷拿行为。确实因工作困难需要与孩子分离时,父母尤其是母亲,要经常回家探视孩子,或通过电话、视频等现代化手段与孩子多联系,减轻孩子的焦虑不安和孤独感。

自我认识这套问卷,由自己作答并计分。此问卷的目的是查看你自己对自我的了解与感觉,如何与人相处,与朋友相处。同时它能发现你对朋友、家庭及学校的感觉。另外,该问卷还能找出被试的不一致性。每一句子没有"对""错"之分,其目的仅仅是找出你在做测验时对每一句子的感觉。

【指导语】

若你的情况与句子内容"完全符合",就在题目右边 5 分下边的空格里打"√";若"完全不符合",就在 1 分下边的空格里打"√";若你的感觉与句子内容"有些符合",就在 4 分下边的空格里打"√";"不确定"就在 3 分下边的空格里打"√";"有些符合"就在 2 分下边的空格里打"√"。每一句子,只打一次"√"。最好依据最先出现在你脑中的反应作答。

【计分方法】

记分时先把每一部分内每道题的分数相加,总分记在每一部分(A 或 B 等)上端的横线上。然后转记在记分摘要表上。

总分旁请标示第一次或第二次做此问卷,以便比较两次测验的分数差异。

——自我意识评价总分由 A 部分至 I 部分相加而得。

——J、K 及 L 三部分涉及有关家庭关系、同伴关系以及对学校的态度等方面的问题。

——若第二次测验在 A—L 各部分的得分有所增加,则说明自我意识评价有正向改变或改进。

注意:

1 分代表"完全不符合";2 分代表"有些不符合";3 分代表"不确定";4 分代表"有些符合";5 分代表"完全符合"。

下面开始作答:

A

1.我很满意我自己

2.我很自信

3.我想我很了解我自己

4.我不是我所喜欢的我

5.我喜欢我现在的样子

6.我常常是快乐的

B

7.我相信假如我勤奋,我的生活会更好

8.我与他人一起工作得很好

9.我喜欢尝试新事物

10.我愿意帮助别人

11.我容易与人相处

12.别人认为我有幽默感

C

13.我不如班上其他同学聪明

14.我对自己没多大信心

15.在学校学的东西似乎对我没用

16.我常对学校的功课泄气

D

17.我不容易受别人影响

18.我不如我所认识的大部分人

19.我容易放弃我所做的事

E

20.但愿我的体重增加或减少

21.但愿我的身高增长或降低

F

22.我的朋友们对我信任

23.我往往能坚持到底

24.我一旦做上某事就会把它做好

G

25.我感觉我的生活正走在成功的路上

26.我的感情常受到伤害

27.我经常烦恼

28.我容易失去冷静

H

29.我喜欢尝试新事物

30.我很难做决定

31.我容易放弃

32.我需很长一段时间才能习惯于新事物

I

33.我往往能坚持到底,直到工作完成

34.我一旦去做事就会做好

J

35.我与家人相处得很好

36.假如我中途辍学,没人会在乎

37.我的父母亲不了解我

38.我在家庭中似乎是一种阻碍

39.我很了解我对自己家庭的感觉

K

40.我常与朋友讨论我个人的问题

41.我常帮朋友处理他个人的问题

42.我常与朋友讨论家庭问题并获得帮助

43.我常帮朋友处理他在学校里的问题

44.我常与朋友讨论我的家庭问题

L

45.假如我中途辍学,没人会在乎

46.学校教育有助于我过较好的生活

47.我在学校几乎没有朋友

48.我觉得在学校是浪费时间

49.我喜欢我的老师们

50.读书有助于我获得好的工作

51.我喜欢学习

52.我喜欢学校

计分摘要表：

分量表内容（部分）	题目	分数范围	第一次	第二次	差异
A 对自己感觉的评价	1－6	6－30			
B 对与别人相处信心的评价	7－12	6－30			
C 对自己是好学生的评价	13－16	4－20			
D 对自己才能的评价	17－19	3－15			
E 对自己身高、体重的评价	20－21	2－10			
F 对他人对自己依赖程度的评价	22－24	3－15			
G 对自己免于烦恼能力的评价	25－28	4－20			
H 对自己做决定的评价	29－32	4－20			
I 对自己适应新事物的评价	33－34	2－10			
自我意识评价总分：					
I 自我意识评价的一般状况	1－34	34－170			
J 家庭人际关系状况	3－39	5－25			
K 朋友人际关系状况	40－44	5－25			
L 对学校的态度	45－52	8－40			

附

录
FULU

关于印发儿童眼及视力保健等
儿童保健相关技术规范的通知(节选)

中华人民共和国国家卫生和计划生育委员会

2013-04-15　卫办妇社发〔2013〕26 号

各省、自治区、直辖市卫生厅局,新疆生产建设兵团卫生局:

为落实《全国儿童保健工作规范(试行)》(卫妇社发〔2009〕235 号),提高儿童保健工作质量,进一步规范相关领域儿童保健服务的内容、方法、流程和考核评估,我们组织制定了儿童眼及视力保健、儿童耳及听力保健、儿童口腔保健和儿童心理保健 4 个方面的儿童保健技术规范(可从国家卫生和计划生育委员会网站下载)。现印发给你们,请遵照执行。

附件:1.儿童眼及视力保健技术规范(办公厅发).doc

2.儿童耳及听力保健技术规范(办公厅发).doc

3.儿童口腔保健指导技术规范(办公厅发).doc

4.儿童心理保健技术规范(办公厅发).doc

国家卫生和计划生育委员会办公厅

2013 年 4 月 9 日

儿童心理保健技术规范

一、目的

按照儿童心理发展的规律和不同年龄阶段的心理行为特征,定期对儿童进行心理行为发育评估,及时掌握不同年龄儿童的心理行为发育水平,营造良好环境,科学促进儿童健康发展。早期发现、及时干预、消除影响儿童心理行为发育的生物、心理和社会不利因素,早期识别儿童心理行为发育偏异,有针对性地开展随访、干预和健康管理。

二、服务对象

辖区内 0~6 岁儿童,包括健康儿童、高危儿童、心理行为发育异常儿童。

三、内容与方法

(一)健康儿童。

在儿童健康检查同时进行儿童心理行为发育监测与指导。

1.监测方法

在健康检查时,根据社区卫生服务中心和乡镇卫生院的条件,结合家长需要,至少选择以下方法之一进行心理行为发育监测。

(1)儿童生长发育监测图:监测 8 项儿童行为发育指标(抬头、翻身、独坐、爬行、独站、独走、扶栏上楼梯、双脚跳),了解儿童在监测图中相应月龄的运动发育情况。如果某项运动发育指标至箭头右侧月龄仍未通过,提示有发育偏异的可能。

(2)预警征象:根据儿童心理行为发育问题预警征象(表 1),检查有无相应月龄的发育偏异,并在"□"内打"√"。出现任何一条预警征象应及时登记并转诊。

表1　儿童心理行为发育问题预警征象

年龄	预警征象		年龄	预警征象	
3月龄	对很大声音没有反应 不注视人脸,不追视移动人或物品 逗引时不发音或不会笑 俯卧时不会抬头	☐ ☐ ☐ ☐	18月龄	不会有意识叫"爸爸"或"妈妈" 不会按要求指人或物 不会独走 与人无目光对视	☐ ☐ ☐ ☐
6月龄	发音少,不会笑出声 紧握拳不松开 不会伸手及抓物 不能扶坐	☐ ☐ ☐ ☐	2岁	无有意义的语言 不会扶栏上楼梯/台阶 不会跑 不会用匙吃饭	☐ ☐ ☐ ☐
8月龄	听到声音无应答 不会区分生人和熟人 不会双手传递玩具 不会独坐	☐ ☐ ☐ ☐	2岁半	兴趣单一、刻板 不会说2~3个字的短语 不会示意大小便 走路经常跌倒	☐ ☐ ☐ ☐
12月龄	不会挥手表示"再见"或 拍手表示"欢迎" 呼唤名字无反应 不会用拇食指对捏小物品 不会扶物站立	☐ ☐ ☐ ☐ ☐	3岁	不会双脚跳 不会模仿画圆 不能与其他儿童交流、游戏 不会说自己的名字	☐ ☐ ☐ ☐

(3)标准化量表:使用全国标准化的儿童发育筛查量表,如小儿智能发育筛查量表(DDST)、0~6岁儿童发育筛查量表(DST)等进行儿童心理行为发育问题的筛查评估。

2.转诊

筛查结果可疑或异常者,应当登记(附件1)并转诊至上级妇幼保健机构或其他医疗机构的相关专科门诊,并进行随访。

3.预见性指导

在儿童定期健康检查过程中,应当以儿童心理行为发育特点为基础,根据个体化原则,注重发育的连续性和阶段性特点,给予科学的心理行为发育的预见性指导。

(1)新生儿期

①强调母婴交流的重要性,鼓励父母多与新生儿接触,如说话、微笑、怀抱等。

②学会辨识新生婴儿哭声,及时安抚情绪并满足其需求,如按需哺乳。

③新生儿喂奶1小时后可进行俯卧练习,每天可进行1~2次婴儿被动操。

④给新生儿抚触,让新生儿看人脸或鲜艳玩具、听悦耳铃声和音乐等,促进其感知觉的发展。

(2)1~3个月

①注重亲子交流,在哺喂、护理过程中多与婴儿带有情感的说话、逗弄,对婴儿发声要用微笑、声音或点头应答,强调目光交流。

②通过俯卧、竖抱练习、被动操等,锻炼婴儿头颈部的运动和控制能力。

③增加适度的听觉、视觉和触觉刺激,听悦耳的音乐或带响声的玩具,用鲜艳的玩具吸引婴儿注视和跟踪。

(3)3~6个月

①鼓励父母亲自养育婴儿,主动识别并及时有效的应答婴儿的生理与心理需求,逐渐建立安全的亲子依恋关系。

②培养规律的进食、睡眠等生活习惯,多与婴儿玩看镜子、藏猫猫、寻找声音来源等亲子游戏。

③营造丰富的语言环境,多与婴儿说话、模仿婴儿发声以鼓励婴儿发音,达到"交流应答"的目的。

④鼓励婴儿自由翻身、适当练习扶坐;让婴儿多伸手抓握不同质地的玩具和物品,促进手眼协调能力发展。

(4)6~8个月

①父母多陪伴和关注婴儿,在保证婴儿安全的情况下扩大活动范围,鼓励与外界环境和人接触。

②经常叫婴儿名字,说家中物品名称,培养婴儿对语言的理解能力。引导婴儿发"ba ba""ma ma"等语音,提高其对发音的兴趣。

③帮助婴儿练习独坐和匍匐爬行,扶腋下蹦跳;练习伸手够远处玩具、双手传递玩具、撕纸等双手配合和手指抓捏动作,提高手眼协调能力。

(5)8~12个月

①帮助婴儿识别他人的不同表情;当婴儿出现生气、厌烦、不愉快等负性情绪时,转移其注意力;受到挫折时给予鼓励和支持。

②丰富婴儿语言环境,经常同婴儿讲话、看图画。让婴儿按指令做出动作和表情,如叫名字有应答,懂得挥手"再见"。

③帮助婴儿多练习手—膝爬行,学习扶着物品站立和行走;给婴儿提供杯子、积木、球等安全玩具玩耍,发展手眼协调和相对准确的操作能力。

④增加模仿性游戏,如拍手"欢迎"、捏有响声的玩具、拍娃娃、拖动毯子取得玩具等。

(6)12~18个月

①给予幼儿探索环境、表达愿望和情绪的机会。经常带幼儿玩亲子互动游戏,如相互滚球、爬行比赛等;引导幼儿玩功能性游戏,如模仿给娃娃喂饭、拍睡觉等。

②多给幼儿讲故事、说儿歌,教幼儿指认书中图画和身体部位,引导幼儿将语言与实物联系起来,鼓励幼儿有意识地用语言表达。

③给幼儿提供安全的活动场所,通过练习独立行走、扔球、踢球、拉着玩具走等活动,提高控制平衡的能力。

④鼓励幼儿多做翻书页、盖瓶盖、用笔涂鸦、垒积木等游戏,提高认知及手眼协调能力。

(7)18~24个月

①家长对待幼儿的养育态度和行为要一致。在保证安全的前提下,给幼儿自主做事情的机会,对幼儿每一次的努力都给予鼓励和赞扬,培养其独立性和自信心。

②学习更多词汇,说出身边物品名称、短语,鼓励用语言表达需求和简单对话;学习区分大小,匹配形状和颜色等。

③提高幼儿身体动作协调能力,学习扶着栏杆上下楼梯、踢皮球、踮着脚尖走和跑,握笔模仿画线,积木叠高等。

④培养幼儿生活自理能力,如用匙进食、用杯子喝水,学习脱袜子、脱鞋;固定大小便场所,练习示意大小便。

(8)24~30个月

①鼓励幼儿帮助家长做一些简单的家务活动,如收拾玩具、扫地、帮忙拿东西等,促进自信心的发展,激发参与热情。

②当幼儿企图做危险的活动时,应当及时制止;出现无理哭闹等不适宜的行为时,可采用消退(不予理睬)或转移等行为矫正方法,让幼儿懂得日常行为的对与错,逐步养成良好的行为

习惯。

③教幼儿说出自己的姓名、性别、身体部位以及一些短句和歌谣。学习执行指令,用较准确的语言表达需求;培养幼儿理解"里外""上下""前后"等空间概念。

④学习独自上下楼梯、单腿站,提高身体协调及大运动能力;通过搭积木、串珠子、系扣子、画画等游戏,提高精细动作能力。

(9)30~36个月

①提供与小朋友玩耍的机会,鼓励幼儿发展同伴关系,学习轮流、等待、合作、互助与分享,培养爱心、同情心和自我控制能力。

②通过与小朋友玩"开火车""骑竹竿""过家家"等想象性和角色扮演游戏,保护和培养幼儿的兴趣和想象力。

③经常给幼儿讲故事,并鼓励幼儿复述简单故事,教幼儿说歌谣、唱儿歌、讲述图画,不断地丰富词汇,提高语言表达能力。

④练习双脚交替上楼梯、走脚印、跳远等,提高身体协调能力。通过画水平线、画圆形、扣扣子、穿鞋子等,提高精细动作能力。

⑤逐步培养规律的生活习惯,学习自己洗手、进食、穿衣、大小便等生活技能。帮助幼儿学会适应新环境,做好入园准备。

(10)3~4岁

①允许儿童在成长中犯错,让其学会从错误中汲取教训。以正确方法纠正不良行为,避免简单粗暴的管教方式。

②帮助儿童适应集体环境,逐渐建立良好伙伴关系。关注分离焦虑情绪,引导适当的表达,妥善处理和缓解消极情绪。

③采用丰富的词句与儿童对话、看图讲故事,耐心听其说话及复述故事,鼓励儿童发现、提出问题并认真回答。交流时注意与儿童眼睛平视。

④在保证安全的情况下,鼓励儿童练习走直线、走和跑交替、攀登、骑三轮车等,学习折纸、剪纸、画画、玩橡皮泥、使用筷子等。

⑤通过有主题的角色扮演等团体游戏,鼓励儿童自由联想、保持其好奇心。培养儿童注意力及对事物的观察力,引导和培养兴趣爱好。

⑥帮助儿童学会遵守生活、游戏和学习的规则,鼓励儿童独立完成进食、穿衣、入厕大小便等力所能及的事情。

(11)4~5岁

①培养儿童的独立意识;帮助儿童正确认识性别差异,建立自我性别认同。

②引导儿童用语言表达自己的感受和要求,逐渐学会控制情绪和行为。鼓励儿童多接触社会,遵守各种规则,强化其乐于助人的意识。

③增加猜谜语等简单的抽象思维游戏,学习按形状、大小、颜色、性质、用途等将物品进行归类,帮助儿童认识事物的规律和内在联系。

④学习儿歌、讲故事、表演节目;练习跳绳、扔球、接球;练习复杂图形剪纸、摆拼图、搭积木等。

⑤注重培养儿童生活自理能力,在实际生活中学习整理和保管自己的玩具和图书。

(12)5~6岁

①给儿童设立适当的行为规范,引导儿童遵守社会与家庭生活规则和要求,对儿童的各种努力与进步及时给予肯定和鼓励,促进儿童的自尊和自信的发展。

②让儿童在活动中自己感受困难,适度、适量体验挫折,并为克服困难做出努力,培养其坚持和忍耐的品质。

③逐渐学会了解他人的感受和需求,懂得与人相处所需的宽容、谦让、共享与合作,同情、抚慰、关心和帮助他人。

④鼓励儿童仔细观察周围事物及其相互关系,促进有意注意的发展。多与儿童交流幼儿园及周围发生的事情,积极回答儿童提出的问题。

⑤练习跳绳、单脚跳、拍皮球等;经常画图画、做手工、玩创造性游戏。学会整理书包、文具及图书等物品,做好入学前的准备。

(二)高危儿童。

1.管理对象

(1)早产(胎龄<37周)或低出生体重(出生体重<2500克)。

(2)宫内、产时或产后窒息,缺氧缺血性脑病,颅内出血。

(3)高胆红素血症,新生儿惊厥,持续性低血糖。

（4）新生儿期严重感染性疾病（如化脓性脑膜炎、败血症等）。

（5）患有遗传病或遗传代谢性疾病（如先天愚型、甲状腺功能低下、苯丙酮尿症等）。

（6）母亲患有中度以上妊娠期高血压综合征、糖尿病、严重感染（如风疹病毒、巨细胞病毒）等。

2.管理方法

（1）登记管理：社区卫生服务中心和乡镇卫生院为儿童建立健康档案时，通过询问家长或查阅围产保健手册，确定高危儿童。填写"高危儿童及心理行为发育异常儿童登记表"（附件1），转诊至上级妇幼保健机构，并进行随访。

（2）专案管理：区（县）级及以上妇幼保健机构接诊高危儿童，并填写"高危儿童专案管理记录"（附件2），纳入到专案管理。

（3）结案与转诊：连续两次评估正常并年满1周岁的高危儿童可结案。筛查结果可疑或异常者，转诊到妇幼保健机构或其他医疗机构的相关专科门诊进行诊断和早期干预。

3.专案管理内容

（1）监测次数：对转诊的高危儿童进行心理行为发育监测评估，每季度至少1次，可根据监测手段和实际情况决定发育监测密度。

（2）监测方法：应当使用全国标准化的儿童发育量表（如新生儿20项行为神经评分法（NBNA）、DDST、DST等）以及儿童心理行为发育问题预警征象进行高危儿童心理行为发育的监测评估。

（3）咨询指导：

①根据筛查结果对儿童养育人进行结果解释。

②针对筛查中发现的养育及发育问题进行咨询指导。

③对需要转诊进行诊断和干预的儿童家长解释转诊原因及目的。

（三）心理行为发育异常儿童。

1.管理对象

（1）一般心理行为发育问题：不适当的吸吮行为、咬指（趾）甲、饮食行为问题、睡眠问题、遗尿、过度依赖、退缩行为、屏气发作、暴怒发作、习惯性摩擦综合征等。

（2）常见心理行为发育障碍：精神发育迟滞、言语和语言障碍、孤独症谱系障碍、异食癖、拔毛癖、口吃、睡眠障碍、分离性焦虑障碍、注意缺陷多动障碍、抽动障碍、对立违抗性障碍、创伤后应激障碍等。

儿童心理障碍还包括精神分裂症、双相情感障碍、抑郁症、焦虑症、恐惧症、强迫症、神经性厌食症、贪食症等,遇到此类儿童应当及时转诊至精神专科门诊或专科医院。

2.管理方法

社区卫生服务中心、乡镇卫生院在儿童健康检查时发现的心理行为发育异常儿童,转诊至区(县)级及以上妇幼保健机构的心理行为发育门诊。心理行为发育门诊接诊一般心理行为发育问题和常见心理行为发育障碍儿童,进行评估、初步诊断和咨询指导。诊断困难者应当及时转诊至心理相关专科门诊或专科医院,并协助康复治疗。

四、服务流程

儿童心理保健服务流程

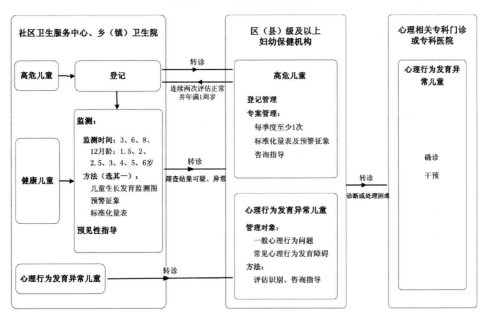

五、工作要求

(一)社区卫生服务中心和乡镇卫生院在儿童健康检查基础上,进行儿童心理行为发育监测和预见性指导,早期发现高危儿童,及时登记转诊。区(县)级及以上妇幼保健机构设立高危儿童监测管理门诊和儿童心理行为发育门诊,负责辖区内高危儿童专案管理和心理行为发育异常儿童的评估识别、咨询指导和转诊。

(二)从事儿童心理保健工作的医护人员应定期接受儿童心理保健及精神医学专业技术培训,并取得培训合格证书。

(三)开展儿童心理保健工作的专业人员应掌握心理行为发育监测方法,注重个体化差异,正确解释测验结果,强调保密原则。根据结果给予科学指导。

(四)区(县)级及以上妇幼保健机构应有环境适宜的高危儿童监测管理和儿童心理行为发育门诊用房,配备儿童心理行为发育量表和工具。

六、考核指标

0~3岁儿童心理行为发育筛查覆盖率=(该年辖区内接受1次及以上心理行为发育筛查0~3岁儿童人数/该年辖区内应接受儿童保健服务0~3岁儿童人数)×100%

附表:1.高危儿童及心理行为发育异常儿童登记表

2.高危儿童专案管理记录

附表 1

高危儿童及心理行为发育异常儿童登记表

地址：　　　市　　　区(县)　　　街道(乡)　　　居委会(村)

编　号	登记日期	姓　名	性　别	出生日期	家长姓名	联系电话	高危因素或异常情况	追访结果

附表 2

高危儿童专案管理记录 编号：

儿童姓名： 性别： 出生日期： 年 月 日

开始管理日期： 年 月 日

转诊单位： 高危因素：

既往患病情况：

转归:正常□ 转诊□ 拒转诊□ 失访□ 死亡□

结案日期： 年 月 日

检查日期	年　龄	评估方法	评估结果	指　导	处　理	检查者